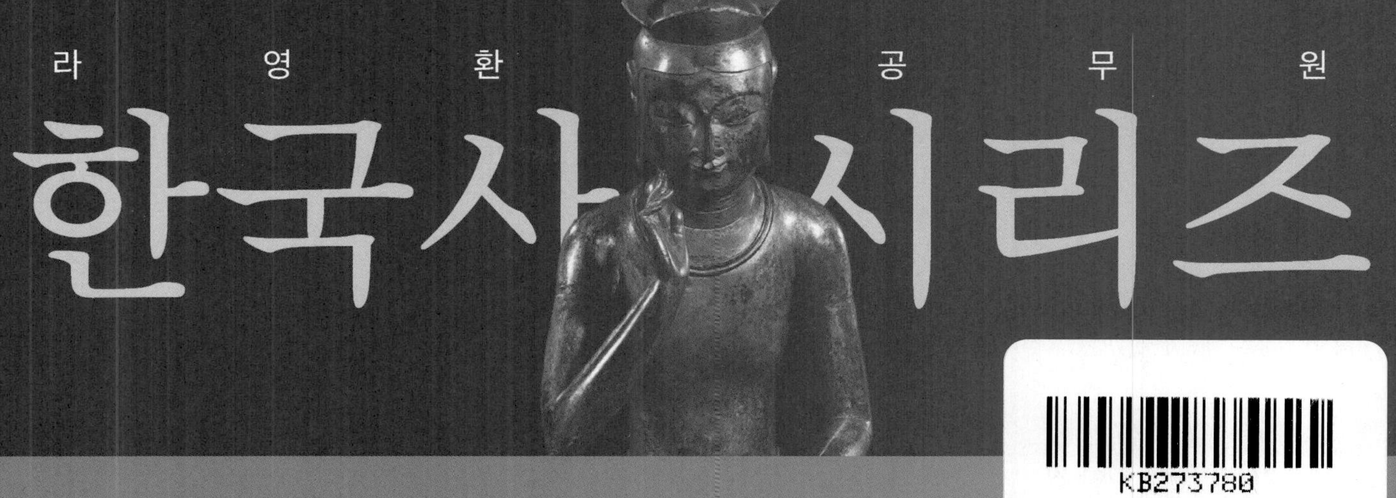

한국사 시리즈

FINAL 작두 모의고사

for. 지방직 대비

라영환 저자

라스트신(작두특강)에서 찍은 주제로
문제까지 찍어주고! 다시 마무리하는 필수교재!

CONTENTS

라영환 한국사
FINAL 작두 모의고사
for. 지방직 대비
문제편

1회

01

선사시대의 문화에 대한 설명으로 옳지 않은 것은?

① 구석기 시대에 시신 매장 풍습이 있었다.
② 청동기 시대의 토기로는 미송리식 토기, 덧무늬 토기 등이 제작되었다.
③ 신석기 시대에는 특정 동물을 자기 부족과 연결시켜 숭배하였다.
④ 창원 다호리에서 붓이 출토되었다.

02

다음 (가) ~ (다) 시기에 있었던 사실로서 옳은 것을 < 보기 > 에서 모두 고른 것은?

> (가) : 박혁거세 ~ 진덕여왕
> (나) : 진덕여왕 ~ 혜공왕
> (다) : 혜공왕 ~ 경순왕
>
> <보기>
> ㄱ. (가) - 수도에 서시와 남시를 설치하였다.
> ㄴ. (나) - 무구정광대다라니경이 인쇄되었다.
> ㄷ. (다) - 매소성과 기벌포에서 당군을 물리쳤다.
> ㄹ. (다) - 견훤이 완산주에 후백제를 세웠다.

① ㄱ, ㄴ   ② ㄱ, ㄷ
③ ㄴ, ㄷ   ④ ㄴ, ㄹ

03

(가)와 (나)시기 사이에 있었던 사실만을 < 보기 > 에서 모두 고른 것은?

> (가) 백제는 개국 이래로 문자로 사적(事蹟)을 기록함이 없더니, 이에 이르러 박사 고흥을 얻어 비로소 서기(書記)를 갖게 되었다.
> (나) 태학박사 이문진에게 명하여 고사(古史)를 축약하여 신집(新集) 5권을 만들었다.
>
> <보기>
> ㄱ. 신라는 우역을 설치하고 시장을 개설하였다.
> ㄴ. 김흠돌의 반란을 진압하고 왕권을 강화하였다.
> ㄷ. 고구려는 전진의 승려 순도로부터 불교를 수용하였다.
> ㄹ. 백제는 6좌평·16관등제를 실시하였다.

① ㄱ, ㄴ   ② ㄱ, ㄷ   ③ ㄴ, ㄷ   ④ ㄷ, ㄹ

04

고대의 문화재를 바르게 엮은 것은?

① 고구려 - 금동 연가 7연명 여래 입상, 이불병좌상
② 신라 - 상원사 동종, 서산 마애 삼존불
③ 백제 - 사택지적비, 금동대향로
④ 발해 - 영광탑, 쌍사자 석등

05

다음의 업적을 가진 인물에 대한 설명으로 옳은 것은?

> 의주성, 통태성, 평융성의 3성을 쌓아 함주, 영주, 웅주, 길주, 복주, 공험진과 함께 북계 9성으로 삼았다. 모두 남계의 민들을 옮겨 채웠다. 병마부사 박경작이 병 때문에 정주에 머물면서 서신을 부쳐 말하기를, "무공은 이미 떨쳤으니 마땅히 군대를 거두어 만전을 도모해야 하는데, 다시 오랑캐의 경계에 깊이 들어가 성지를 줄지어 짓는 것은, 지금은 비록 쉽게 이룰 수 있겠지만 후에는 아마 지키기 어려울 것이다."라고 하였다.
>
> -『고려사절요』-

① 여진 정벌을 위한 별무반을 편성하였다.
② 외교 담판을 통해 강동 6주를 획득하였다.
③ 승려 출신으로 처인성에서 몽골군을 격퇴하였다.
④ 화통도감을 설치하여 화약 무기를 제조하였다.

06

다음 비판을 받은 시대의 신분제도에 대한 설명으로 옳은 것을 < 보기 > 에서 모두 고른 것은?

> 더욱이 불교를 너무 깊이 믿으시고, 불경을 지나치게 소중히 여기셔서, 관례에 따라 행해지는 재(齋)를 지내는 것이 이미 많은데도, 특별히 기원하는 분향(焚香)과 수도(修道)가 적지 않았습니다. 오직 복과 장수만을 구하시고 기도만을 일삼으시니, 한정된 재력을 다 쓰면서 무한한 인연을 만들려 하셨습니다. (중략) 또한 연회와 놀이의 출입에 사치가 극에 달하였습니다.

<보기>
ㄱ. 중류층인 남반은 중앙 관청의 말단에서 행정 실무를 관장하였다.
ㄴ. 향·부곡·소 주민은 신분상 양민으로 승려가 될 수 있었다.
ㄷ. 관청의 잡역에 종사한 공역 노비는 60세가 되면 역이 면제되었다.
ㄹ. 호장은 직역을 세습하였고, 국가로부터 경제적 보수를 받았다.

① ㄱ, ㄴ   ② ㄱ, ㄹ
③ ㄴ, ㄷ   ④ ㄷ, ㄹ

FINAL 작두 모의고사 문제 for. 지방직 대비

07

다음 고려 시대의 전시과에 대한 설명으로 옳은 것은?

> (가) 경종 원년(976) 11월 처음으로 전시과를 제정하였다.
> (나) 목종 원년(998) 12월 문무 양반 및 군인의 전시과를 개정하였다.
> (다) 문종 30년(1076) 양반 전시과를 경정하였다.

① (가) 시기에는 관품과 인품을 고려하여 지급하였으며, 군인전을 지급하였다.
② (나) 시기에는 관리가 퇴직 시 지급받은 과전을 반납하여야 했다.
③ (나) 시기에는 18관등에 들지 못한 자에게 지급하는 한외과가 소멸되었다.
④ (다) 시기에는 지급액이 감소하였고, 무반과 군인에 대한 대우가 향상되었다.

08

밑줄 친 '그'에 대한 설명으로 옳지 않은 것은?

> 6월 을묘에 이르러 궁예를 폐위하기로 모의하고 밤에 그의 집으로 찾아가 왕으로 추대할 뜻을 함께 말하였다. 그가 굳이 거절하며 허락하지 않았으나 부인 유씨가 손수 갑옷을 들고 와 그에게 입히니 여러 장수가 옹위하며 나왔다. 사람을 시켜 말을 달리면서 외치게 하기를, "왕공께서 이제 의로운 깃발을 드셨다!"라고 하니, 이에 다투어 달려와 붙는 자가 기록할 수 없을 정도였고, 먼저 궁문에 이르러 북치고 소리 지르며 기다리는 자도 10,000여 인이었다.

① 귀순한 호족에게 왕씨 성을 내려주어 포섭하였다.
② 불교를 중시하여 국사·왕사 제도를 완성하였다.
③ 지방 통제를 위하여 사심관 제도를 실시하였다.
④ 흑창을 설치하여 민생 안정을 도모하였다.

09

고려의 중앙 정치제도에 대한 설명으로 옳지 않은 것은?

① 삼사는 백관을 규찰·탄핵하는 언관의 역할을 맡았다.
② 한림원에서 국왕의 교서와 외교문서를 작성하였다.
③ 대관과 간관으로 구성된 대간은 서경·간쟁·봉박권을 가졌다.
④ 상서성에 소속된 6부가 각각 국무를 분담했다.

10

다음 교서를 내린 왕이 시행한 정책으로 옳은 것은?

> 신축, 임인년(1721, 1722) 이래로 조정에서 노론, 소론, 남인의 삼색이 날이 갈수록 더욱 사이가 나빠져 서로 역적이라는 이름으로 모함하니, 이 영향이 시골에까지 미치게 되어 하나의 싸움터를 만들었다. 그리하여 서로 혼인을 하지 않을 뿐만 아니라, 다른 당색끼리는 서로 용납하지 않는 지경에 이르렀다. …
> -『택리지』-

① 수령이 군현 단위 향약을 주관하게 하여 수령권을 강화하였다.
② 사가독서제를 시행하여 학문 활동을 장려하였다.
③ 가혹한 형벌을 폐지하고 사형수에 대한 삼심제를 엄격하게 시행하였다.
④ 서얼 차별을 완화하여 적극 등용하였다.

11

조선 전기 과학기술에 대한 설명으로 옳은 것은?

① 태종 대 토지측량기구인 인지의(印地儀)와 규형(窺衡)을 제작하였다.
② 문종 대 『동국병감』을 참조하여 비격진천뢰를 제작하였다.
③ 세종 대 조지소를 설치하여 품질이 우수한 종이를 생산하였다.
④ 세종 대 화약 무기의 제작과 사용법을 정리한 총통등록이 편찬되었다.

12

다음 설명에 해당하는 교육기관에 대한 설명으로 옳은 것을 < 보기 > 에서 모두 고른 것은?

> 지방민의 교화를 위해 부·목·군·현에 하나씩 설립하였고, 경전에 능통하고 노성한 선비를 골라 교수에 충당하였다.

<보기>

ㄱ. 성적 우수자는 소과의 초시를 면제해 주었다.
ㄴ. 궁중도서를 관리하고 국왕의 자문에 응했다.
ㄷ. 최고 교육기관으로 입학 자격은 생원과 진사를 원칙으로 하였다.
ㄹ. 시험 성적이 하위권인 생도는 군역에 충당되기도 하였다.

① ㄱ, ㄴ 　　　　② ㄱ, ㄹ
③ ㄴ, ㄷ 　　　　④ ㄷ, ㄹ

13

유네스코 세계기록 유산으로 등재된 기록물에 대한 설명으로 옳은 것은?

① 실록 – 세계 최대의 연대 기록물로, 전왕의 통치기록, 시정기 등을 모아 편찬하였다.
② 어책 – 왕실의 혼인이나 국장 등 국가의 여러 행사를 글과 그림으로 기록한 것이다.
③ 일성록 – 정조가 세손 시절부터 쓴 존현각일기부터 1910년까지 국왕이 작성한 일기이다.
④ 동의보감 – 사람의 체질을 태양·태음·소양·소음으로 나눈 사상의학 서적이다.

14

다음과 같이 말한 인물에 대한 설명으로 옳은 것은?

> 어릿어릿한 사람을 보면 얼이 빠졌다고 하고 멍하니 앉은 사람을 보면 얼 하나 없다고 한다. …… 얼은 남이 빼앗아가지 못한다. 얼을 잃었다면 스스로 잃은 것이지 누가 가져간 것이 아니다.
>
> - 「5천년간 조선의 얼」 -

① 민족주의 사학자로서 「조선사 연구」를 저술하였다.
② 원불교를 만들어 불교의 생활화와 대중화를 주장하였다.
③ 의열단장 김원봉의 요청으로 조선혁명선언을 작성하였다.
④ 보편적 역사 발전 법칙에 따라 유물사관에 입각하여 한국사를 연구하였다.

15

대한제국 정부가 시행한 정책은?

① 만민공동회를 개최하였다.
② 재정을 탁지아문으로 일원화하였다.
③ 지계아문을 두고 일부 지주에게 지계를 발급하였
  다.
④ 삼정문란을 바로잡기 위하여 삼정이정청을 창설하
  였다.

16

다음은 일제의 한국침탈이 노골화되던 시기에 구국운동을 전개한 사회 단체에 대한 설명이다. 단체명이 옳게 연결된 것은?

> ㄱ.독립협회 출신 인사들이 조직, 일진회를 비판하
> 고 입헌군주제 수립을 지향하였다.
> ㄴ.일본이 황무지 개간권을 요구해오자 이를 반대
> 하는 운동을 전개하여, 철회시키는 데 성공하였
> 다.
> ㄷ.전국에 지회를 설치하고 월보를 간행하였으며,
> 고종의 강제퇴위 반대운동을 전개하였다.

	ㄱ	ㄴ	ㄷ
①	대한협회	대한자강회	신민회
②	헌정연구회	보안회	대한자강회
③	보안회	헌정연구회	신민회
④	대한자강회	신민회	대한협회

17

다음 격문이 발표된 운동에 대한 설명으로 옳은 것은?

> 학생아 대중아 궐기하자!
> 검거자를 즉시 우리들이 탈환하자!
> 검거자를 즉시 석방하라!
> 교내에 경찰권 침입을 절대 반대하자!
> 조선인 본위의 교육제도를 확립시켜라!

① 국채보상운동이 일어나게 된 배경이 되었다.
② 진주에서 조선 형평사가 창설되는 결과로 이어졌
  다.
③ 신간회가 그 진상을 규명하고자 조사단을 현지에
  파견하였다.
④ 민족 산업의 보호와 육성을 위해 국산품 애용 등을
  강조하였다.

18

통감부 지배 시기에 시행된 정책으로 옳지 않은 것은?

① 내장원이 가졌던 홍삼전매와 역둔토 수입을 국고
  로 귀속시켰다.
② 회사령을 설치하여 민족 기업을 억압하고 일제가
  산업을 독점하였다.
③ 일본 농민의 이주와 토지 수탈을 지원하고자 동양
  척식주식회사를 설립하였다.
④ 『토지가옥증명규칙』을 제정하여 매매·저당 등의
  법적 기초를 마련하였다.

19

일제의 인적·물적 자원 수탈에 대한 설명으로 옳지 않은 것은?

① 일제는 여자정신근로령을 제정하여 여성 노동 인력을 착취하였다.
② 수산업에 종사할 노동자의 확보를 위해 징용제를 실시하여 조선인을 강제로 동원하였다.
③ 일제는 만주사변 도발과 함께 국가총동원법을 제정하여 전시동원체제를 확립하고 조선에도 이를 적용하였다.
④ 일제는 군수품 생산을 위해 한국을 기초적 중화학 공업지대로 설정함으로써 공업구조 지역적 불균형을 초래하였다.

20

㉠에 들어갈 명칭으로 옳은 것은?

> (㉠)에서 한반도에 독립 국가를 건설하기 위한 임시정부를 수립하고, 임시정부 수립을 논의하기 위해 미·소 공동위원회를 설치하며, 4개국이 공동으로 최대 5년간 한반도를 통치한다고 결정하였다.

① 미·소 공동 위원회
② 좌·우 합작 위원회
③ 모스크바 3국 외상 회의
④ 반민족행위 특별조사위원회

2회

01

다음 사건을 시기순으로 바르게 나열한 것은?

> ㄱ. 고구려의 남진 정책에 맞서 나제동맹이 체결되었다.
> ㄴ. 신라가 대가야와 결혼동맹을 맺었다.
> ㄷ. 고구려가 율령을 반포하고 태학을 설립하였다.
> ㄹ. 백제가 수도에 5부 지방에 5방을 설치하였다.

① ㄷ→ㄹ→ㄱ→ㄴ
② ㄴ→ㄷ→ㄹ→ㄱ
③ ㄴ→ㄷ→ㄱ→ㄹ
④ ㄷ→ㄱ→ㄴ→ㄹ

02

다음 ㉠의 인물에 대한 설명으로 옳은 것은?

> 태종무열왕 7년(660) 3월에 당 고종이 소정방을 신구도행군대총관으로 삼고, (㉠)을 부대총관으로 삼아, 좌효위장군 유백영 등 수군과 육군 13만 명을 거느리고 백제를 치게 하였다.   -『삼국사기』-

① 살수에서 수나라의 대군을 물리쳤다.
② 웅천주를 근거지로 반란을 일으켰다.
③ 당에 억류되었을 때, 강수가 「청방인문표」를 지어 석방을 요청하였다.
④ 비담·염종의 난을 진압하는데 큰 공을 세웠다.

03

(가)의 왕에 대한 설명으로 옳은 것은?

> 32년 가을 7월에 당나라 현종이 (가)이 바다를 건너 등주로 들어와 침범하였으므로, 김사란을 귀국시켜, 성덕왕에게 관작을 올려주어, 군사를 일으켜 말갈 남쪽 변방을 치게 하였다. 때마침 눈이 많이 내려 한 길[丈] 남짓 쌓여 산길이 막히고, 군사 가운데 죽는 자가 절반이 넘어 아무런 공도 없이 돌아왔다.
>
> -『삼국사기』-

① 처음으로 발해를 정식 국호로 삼았다.
② 북만주 지역을 장악하였으며, 돌궐·일본 등과 친선하였다.
③ 국력이 강대해져 해동성국으로 불리었다.
④ 수도를 중경에서 상경으로 천도하였다.

04

다음 내용과 관련된 인물에 대한 설명으로 옳은 것만을 < 보기 > 에서 모두 고른 것은?

> 찬하여 말한다.
> 각승(角乘)은 비로소 삼매경을 열고
> 표주박 가지고 춤추며 온갖 거리 교화했네
> 달 밝은 요석궁에 봄잠 깊더니
> 문닫힌 분황사엔 돌아보는 모습만 허허롭구나
>
> -『삼국유사』-

<보기>

ㄱ. 대중에게 염불하면 극락세계에 간다고 주장하였다.
ㄴ. 『십문화쟁론』을 지어 분파 의식을 극복하고자 하였다.
ㄷ. 화엄 사상을 바탕으로 많은 제자를 양성하였다.
ㄹ. 당에 유학하여 유식론을 독자적으로 발전시켰다.

① ㄱ, ㄴ   ② ㄴ, ㄹ
③ ㄴ, ㄷ   ④ ㄱ, ㄹ

05

고려 시대의 사회정책에 대한 설명으로 옳지 않은 것은?

① 광종 대에 설치된 제위보는 일정 기금을 조성하여 빈민을 구제하는 기구이다.
② 예종 대에 빈민 구제를 위한 임시기구인 구제도감이 설치되었다.
③ 정종 대에 농민 자제의 과거 응시를 위한 기금 마련을 위해 광학보를 설치하였다.
④ 문종 대에 유랑자의 수용과 구휼을 위한 동·서 대비원을 설치하였다.

06

다음 밑줄 친 국왕의 재위 기간에 일어난 일에 대한 설명으로 옳은 것은?

> 왕이 또 아뢰기를, "일본은 일개 섬 오랑캐일 뿐인데 지세가 험한 것을 믿고 입조하지 않고 감히 천자의 군대에 항거하고 있습니다. 신이 생각하건대 성덕에 보답할 길이 없으니 원컨대 다시 배를 건조하고 양곡을 비축한 다음, 죄상을 성토하고 토벌에 나선다면 반드시 성공할 것입니다."라고 하였다. 황제가 말하기를, "왕은 돌아가서 재상들과 깊이 의논한 다음 사람을 보내서 아뢰도록 하라."라고 하였다.

① 각종 화약 무기를 제조하여 왜구 격퇴에 활용하였다.
② 왜구의 소굴인 대마도를 정벌하게 하였다.
③ 안향의 건의로 국학생의 학비 마련을 위한 섬학전을 설치하였다.
④ 최초의 지폐인 저화를 발행하였다.

07

다음 상소문이 올라간 시대의 관리 등용 제도에 대한 설명으로 옳지 않은 것은?

> 상진 등이 아뢰기를, "서얼들도 한결같이 중국의 제도에 따라 금고(禁錮)하지 않으려고 하는 것은, 옛날의 성현들이 신분을 따지지 않고 어진 이를 등용하던 아름다운 뜻입니다. 사대부들 사이에서도 혹 이 의논이 있기는 하지만 우리나라는 서얼들에게 과거 보기를 허락하지 않는 것이 법령에 분명히 쓰여져 있습니다. (후략)"

① 음서보다 과거를 더 중시하였다.
② 종친이나 탐관오리의 자제는 문과 응시가 금지되었다.
③ 무과는 거의 시행되지 않았다.
④ 하급 관리 선발을 목적으로 취재가 시행되었다.

08

다음 (가), (나)에 해당하는 서적을 옳게 짝지은 것은?

> <보기>
> (가) 요동에 별도의 하늘과 땅이 있으니, 별자리도 중국과 구분된다네. 처음에 어느 누가 나라를 열었던가. 제석의 손자, 이름은 단군이로다. … 공주와 혼인하는 은총을 입으니, 성대하도다. 황제를 보필하는 이로움이여! 몸소 효도를 행하고, 왕위에 오르는 복을 받았네. 천자의 누이는 대궐을 관장하고, 황제의 외손자는 세자가 되었네. 조상의 기업은 다시 빛나고, 황제의 은혜는 멀리에서 적셔온다.
> (나) 고구려의 강대하고 현저함은 백제에 비할 바가 아니며, 신라가 차지한 땅은 남쪽의 일부에 불과할 뿐이다. 그러므로 김씨는 신라사에 쓰여진 고구려 땅을 근거로 했을 뿐이다.

① (가) 삼국유사　　　(나) 동사강목
② (가) 제왕운기　　　(나) 동사강목
③ (가) 제왕운기　　　(나) 동명왕편
④ (가) 삼국유사　　　(나) 동명왕편

09

조선의 문화에 대한 설명으로 옳지 않은 것은?

① 혼일강리도는 태종 대에 만들어진 현존하는 가장 오래된 지도이다.
② 『의방유취』는 세종 대에 편찬된 의학 백과사전이다.
③ 강희맹은 성종 때 『양화소록』을 저술하여 화초재배법을 소개하였다.
④ 성종 대에 『동문선』이 편찬되었다.

10

조선 후기 향촌 사회에 대한 설명으로 옳지 않은 것은?

① 향촌에서 수령의 역할이 배제되고 지방 사족이 영향력을 행사하며 농민을 수탈하였다.

② 향회가 수령의 부세 자문 기구로 변질되었다.

③ 중앙과 지방의 연락을 담당하던 경재소가 폐지되었다.

④ 이성불양의 관념으로 양자 제도가 확산하였다.

11

다음 조선시대 정치적 사건을 시기순으로 바르게 나열한 것은?

> ㄱ. 을묘왜변으로 비변사가 상설 기구화되었다.
> ㄴ. 경신환국으로 윤휴를 비롯한 남인이 축출되었다.
> ㄷ. 폐비 윤씨 사건으로 갑자사화가 발생하였다.
> ㄹ. 인조가 남한산성으로 피신을 떠났다.

① ㄱ → ㄷ → ㄴ → ㄹ

② ㄷ → ㄱ → ㄹ → ㄴ

③ ㄴ → ㄷ → ㄱ → ㄹ

④ ㄹ → ㄱ → ㄷ → ㄴ

12

다음 제도에 대한 설명으로 옳은 것은?

> 호조가 아뢰기를, "선혜법을 경기 지방에 실시한 지 지금 20년이 되어 가는데, 백성들이 매우 편하게 여기고 있습니다. 팔도 전체에 통용시키면 팔도 백성들이 그 혜택을 받을 수 있을 텐데, (중략) 현재 갖가지 부역이 중첩되고 백성들이 도탄에 빠졌으니, 반드시 대대적으로 경장하여 민심을 위안시킬 소지를 만들어야 합니다. 비록 일시에 모든 도에 실시할 수는 없다 하더라도 우선 2 ~ 3개 도에 먼저 실시하여 봄 가을로 1결당 10두씩의 미곡을 거두면 60만 석을 장만할 수 있습니다." (후략)
>
> -『조선왕조실록』-

① 별공·진상이 사라져 현물로 납부하는 관행이 소멸하였다.

② 토지가 많은 부호에게 불리하였다.

③ 토질에 따라 6등급으로 나누어 수세하였다.

④ 토지 소유자에게 미곡 12두를 결작으로 부과하였다.

13

㉠ 인물에 대한 설명으로 옳은 것을 < 보기 > 에서 모두 고른 것은?

> 당시 명유(名儒)였던 (㉠)가 벼슬을 버리고 시골로 돌아갔는데 여러 차례 불러도 오지 않자 대왕이 정성과 예를 다하고 나오기를 돈유하여 찬성으로 발탁하였다. 그가 치도 6조를 진달하고, 또 《성학십도》와 《서명고증》을 지었다.
>
> -『조선왕조실록』-

<보기>
ㄱ.『전습록변』을 통해 양명학을 비판하였다.
ㄴ. 대명의리론을 강조하고 북벌론을 제창하였다.
ㄷ. 그가 쓴 자성록은 일본의 성리학 형성에 큰 영향을 끼쳤다.
ㄹ. 그의 사상은 기의 중요성을 강조하는 현실적이고 개혁적인 경향을 지녔다.

① ㄱ, ㄴ   ② ㄱ, ㄷ
③ ㄴ, ㄷ   ④ ㄷ, ㄹ

14

다음 자료의 사건보다 늦게 일어난 사실만을 < 보기 > 에서 모두 고른 것은?

> 우리 국모의 원수를 생각하며 이미 이를 갈았는데 참혹한 일이 더하여 우리 부모에게서 받은 머리털을 풀베듯이 베어버리니 이 무슨 변고란 말인가.
>
> - 유인석의 창의문, 「의암집」 -

<보기>
ㄱ. 군국기무처 설치
ㄴ. 지방제도를 23부를 13도로 개편
ㄷ. 을사늑약 체결
ㄹ. 교육입국조서 반포

① ㄱ, ㄴ   ② ㄱ, ㄷ
③ ㄴ, ㄷ   ④ ㄴ, ㄹ

15

삼국간섭 시기에 사람들이 볼 수 있었던 사실로 적절한 것은?

① 백동화를 주조하는 주전관
② 황성신문을 읽고 있는 관리
③ 경인선을 타고 제물포로 가는 노인
④ 대한천일은행에서 근무하는 은행원

16

다음 정강이 발표된 시기를 연표에서 옳게 고른 것은?

> 1. 흥선 대원군을 빨리 귀국시키고 종래 청에 대해 행하던 조공의 허례를 폐지한다.
> 2. 문벌을 폐지하고 인민 평등권을 제정하여 능력에 따라 관리를 임명한다.
> 3. 지조법을 개혁하여 관리의 부정을 막고 백성을 보호하며 재정을 넉넉히 한다.
>
> …(중략)…
>
> 12. 모든 재정은 호조에서 관할한다.

	통리기문아문 설치		시모노세키 조약	
(가)	(나)	(다)	(라)
		박문국 설립	

① (가)   ② (나)   ③ (다)   ④ (라)

FINAL 작두 모의고사 문제 for. 지방직 대비

17

다음 자료에 등장하는 군사조직에 대한 설명으로 옳은 것은?

> 나는 목숨을 걸고 탈출하여 온갖 고생 끝에 충칭으로 가는 6천리 장정의 길에 나섰다. 김학규 장군이 이끄는 특별훈련반에 참가하여 훈련을 받은 다음 충칭으로 가서 임시정부에 가담하였고, 이범석 장군의 부관이 되어 시안에 있는 제 2지대로 찾아가서 OSS특별훈련을 받았다.

① 중국군과 연합하여 쌍성보 전투를 수행하였다.
② 조선의용대 일부가 합류하여 병력이 증강되었다.
③ 중국 의용군과 손을 잡고 한중연합군을 조직하였다.
④ 중국 팔로군과 함께 태항산 지구에서 일본군과 교전하였다.

18

밑줄 친 '나'에 대한 설명으로 옳은 것은?

> 한국이 있어야 한국 사람이 있고 한국 사람이 있고야 민주주의도 공산주의도 또 무슨 단체도 있을 수 있는 것이다. 그러면 우리의 자주독립적 통일정부를 수립하려 하는 이 때에 있어서 어찌 개인이나 자기의 집단의 사리사욕에 탐하여 국가민족의 백년대계를 그르칠 자가 있으랴? <u>나</u>는 통일된 조국을 건설하려다가 38선을 베고 쓰러질지언정 일신에 구차한 안위를 취하여 단독정부를 세우는 데는 협력하지 아니하겠다.

① 건국준비위원회에 참여하였다.
② 북한에 남북한 정치 지도자 회담을 제안하였다.
③ 반탁을 주도하는 독립촉성중앙협의회를 조직하였다.
④ 1919년 파리강화회의에 참석하여 외교활동을 전개하였다.

19

다음의 내용과 가장 관련이 깊은 시기의 일제의 정책은?

> 일제는 중·일 전쟁과 태평양 전쟁을 치르는 동안 일본 군인들의 성 욕구를 해소하기 위해 식민지와 점령지에 있는 수많은 점령 여성들을 강제로 전선으로 끌고가 성 노예의 역할을 강요하였다.

① 식량 공출제와 배급제를 실시하였다.
② 헌병 경찰과 보조원을 전국에 배치하였다.
③ 문화 통치를 표방하고 보통교육의 연한을 연장하였다.
④ 회사령을 폐지하여 일본기업의 한국진출이 자유로와졌다.

20

광복 직후 우리나라의 정치 상황에 대한 설명으로 옳지 않은 것은?

① 사회주의 계열의 주도로 조선독립동맹이 결성되어 강령을 발표하였다.
② 미군 당국은 대한민국 임시정부를 한반도의 유일한 합법 정부로 승인하였다.
③ 미·영·소의 외무장관이 모여 한국에 대해 최대 5년간의 신탁통치 실시를 결정하였다.
④ 여운형과 안재홍 주도로 건국준비위원회가 결성되어 치안유지 등의 활동을 전개하였다.

3회

01

(가) 시기에 있었던 일로 옳은 것은?

> 평양성 전투에서 고국원왕이 사망하였다.
> ↓
> (가)
> ↓
> 백제가 신라 대야성을 공격하여 함락시켰다.

① 신라가 함경도 지역까지 진출하였다.
② 고구려가 낙랑을 축출하였다.
③ 나·당동맹을 결성하였다.
④ 목지국을 정벌하고 한강 유역을 확보하였다.

02

다음 내용을 작성한 국가에 대한 설명으로 옳지 않은 것은?

> 이 중 3년 전부터 살아온 사람과 지난 3년 사이에 태어난 사람을 합하면 145명이다. …(중략)…말은 모두 25마리 …(중략)…소는 모두 22마리 …(중략)…뽕나무는 모두 1,004그루인데 지난 3년 사이에 더 심은 것이 90그루이고, 이전부터 있던 것이 914그루이다.

① 일본에 조선술과 축제술을 전하였다.
② 지명과 중앙 관직 등을 중국식으로 개칭하였다.
③ 집사부의 대내상이 국정을 총괄하였다.
④ 사치금지령을 내려 골품 간 구별을 엄격화하였다.

03

다음 밑줄 친 왕에 대한 설명으로 옳은 것을 < 보기 > 에서 모두 고른 것은?

> 겨울 10월에 백제 왕이 서부 희씨 달솔 노리사치계 등을 보내어 석가불금동상 1구, 약간의 번개(幡蓋)와 약간의 경론(經論)을 바쳤다.　　-『일본서기』-

<보기>
ㄱ. 대야성 전투에서 승리하였다.
ㄴ. 신라와 연합하여 한강 하류를 모두 점령하였다.
ㄷ. 수도에 5부, 지방에 5방을 설치하였다.
ㄹ. 무령왕의 아들로 영동대장군의 작호를 받았다.

① ㄱ, ㄴ　　　　② ㄱ, ㄷ
③ ㄴ, ㄷ　　　　④ ㄴ, ㄹ

04

고대의 무덤에 관한 설명으로 옳은 것을 < 보기 > 에서 모두 고른 것은?

<보기>
ㄱ. 통일신라 시대에는 불교식 화장이 유행하였다.
ㄴ. 백제는 고분 벽화를 그리지 않았다.
ㄷ. 전기가야연맹 시대에는 신라와 비슷한 돌무지 덧널무덤이 유행하였다.
ㄹ. 발해는 고구려의 영향을 받은 모줄임 천장 구조로 무덤을 축조하였다.

① ㄱ, ㄴ　　　　② ㄱ, ㄹ
③ ㄴ, ㄷ　　　　④ ㄴ, ㄹ

05

삼국시대 사회 모습에 대한 설명으로 옳지 않은 것은?

① 백제는 간음하면 아내를 남편 집의 노비로 삼았다.
② 천민은 대개 전쟁 포로, 범법 행위, 채무 등의 이유로 인하여 발생하였다.
③ 신라는 화백회의에서 만장일치제로 국가 중대사를 결정하였다.
④ 고구려는 절도죄를 범할 시 2배를 배상하고 귀양 보냈다.

06

고려 시대 불교문화에 대한 설명으로 가장 옳지 않은 것은?

① 고려 초기에는 화엄 사상을 정비하고 보살의 실천행을 폈던 균여의 화엄종이 성행하였다.
② 태조는 훈요십조에서 전국에 비보 사찰을 제한 없이 늘려 불국토를 이루도록 당부하였다.
③ 보우는 원으로부터 임제종을 들여와 전파시킴으로써 불교계의 새로운 주류로 떠올랐다.
④ 거란을 대비하기 위해 만든 초조대장경이 몽골 침입으로 소실되었다.

07

다음 (가), (나)에 해당하는 인물에 대한 설명으로 가장 옳은 것은?

> 적신 (가)은 성품이 사납고 잔인하여 윗사람을 업신여기고 아랫사람을 능멸하여 주상의 자리를 흔들고자 하니 신(臣) (나) 등이 폐하의 위엄에 힘입어 일거에 소탕하였습니다. 원컨대 폐하께서는 새로운 정치를 도모하시어 태조의 바른 법을 따라 빛나게 중흥을 여소서. 삼가 열 가지 일을 조목으로 나누어 아룁니다.
> ―『고려사』―

① (가) - 경호 목적의 사병 집단인 도방을 설치하였다.
② (가) - 상·대장군의 합의 기구인 중방의 권한을 강화하였다.
③ (나) - 부를 설치하여 왕자 등과 동등한 지위를 공식적으로 인정받았다.
④ (나) - 산발적이던 민란은 김사미, 효심의 봉기를 계기로 연대하였다.

08

다음 인물이 활동하던 시기에 있었던 일로 옳은 것은?

> 김위제가 상서하여 남경으로 천도하기를 청하였다. 대략 이르기를, 『도선기』에서 말하기를, '고려 땅에는 삼경이 있어 송악이 중경이 되고 목멱양이 남경이 되며 평양이 서경이 된다. (중략) 신이 생각하건대 지금이 바로 신경에 순행하여 머무를 시기입니다. 오늘날 국가에 중경과 서경은 있으나 남경이 빠졌습니다. 엎드려 바라건대 삼각산 남쪽 목멱 북쪽의 평야에 도성을 건립하시어, 때마다 순행하여 머무르십시오."라고 하였다.
> ―『고려사절요』―

① 양현고를 설치하였다.
② 의천의 건의를 받아들여 주전도감을 설치하였다.
③ 한양을 남경으로 승격하였다.
④ 정계와 계백료서를 지었다.

09

다음 시기의 문화적 사실에 대한 설명으로 옳은 것은?

> 결혼도감을 설치하고 여염의 여자 140인을 골라 만자들에게 나누어주었다. 만자들이 데리고 돌아가니, 곡소리가 길가에 가득하였다.

① 최충이 9재 학당을 세웠다.
② 다포 양식으로 사원이 건축되었다.
③ 두루마기 의복이 전래되었다.
④ 서경에 경천사지 십층석탑이 세워졌다.

10

조선 시대 인사 관리 제도에 대한 설명으로 옳지 않은 것은?

① 고관이 하급 관리의 근무 성적을 평가하는 포폄제가 시행되었다.
② 권력 집중과 부정을 막기 위하여 상피제를 마련하였다.
③ 인사·법률 제정 등 공정성을 확보하는 서경제는 모든 관리를 대상으로 하였다.
④ 하급 관리는 상급 관리의 집 방문이 금지되었다.

11

조선의 통치체제에 대한 설명으로 옳은 것을 < 보기 > 에서 모두 고른 것은?

> **< 보기 >**
> ㄱ. 춘추관에서 외교 문서를 작성하였다.
> ㄴ. 승정원은 왕명의 출납을 담당하고, 도승지 이하 6승지가 6조를 분담했다.
> ㄷ. 벼슬하지 않은 사람을 대상으로 한 천거제가 크게 확대되었다.
> ㄹ. 군사 조직, 교통·통신 체계의 정비로 중앙 집권적 행정 운영이 한층 수월해졌다.

① ㄱ, ㄴ   ② ㄴ, ㄷ
③ ㄴ, ㄹ   ④ ㄷ, ㄹ

12

다음 시기의 경제 상황으로 옳은 것을 < 보기 > 에서 모두 고른 것은?

> 서명선이 또 아뢰기를, "전황에 관한 일은, 지금 이를 급히 구제할 수 있는 방법은 공가를 미리 내리는 데 달려 있습니다. 왕이 말하기를, "쌀이 품귀하면 쌀을 미리 내리고 돈이 귀하여지면 돈을 미리 내려주는 것이 때에 따라 편의하게 하여 신축성 있게 서로 구제하는 정사가 아니겠는가? (중략) 경이 아뢴 내용대로 즉시 거행하게 하라." 하였다.
> -『조선왕조실록』-

> **< 보기 >**
> ㄱ. 시비법이 발달하여 연작법이 시작되었다.
> ㄴ. 철점과 사기점 등 민간 수공업자들의 작업장이 나타났다.
> ㄷ. 『농가집성』, 『농상집요』가 편찬되어 농법을 소개하였다.
> ㄹ. 상업중심지인 포구의 상거래는 장시보다 규모가 컸다.

① ㄱ, ㄴ   ② ㄱ, ㄷ
③ ㄴ, ㄷ   ④ ㄴ, ㄹ

13

조선 후기 실학자와 저서에 대한 설명으로 옳은 것을 < 보기 > 에서 모두 고른 것은?

> <보기>
> ㄱ.『한민명전의』 - 박지원은 토지 소유의 하한선을 제한하고, 농업 생산력 증대에 관심을 가졌다.
> ㄴ.『종두방서』 - 홍대용은 정약용과 함께 종두법을 연구하였다.
> ㄷ.『반계수록』 - 유형원은 신분에 따른 차등분배와 노비 세습제도 폐지 등을 주장하였다.
> ㄹ.『우서』 - 유수원은 농업의 상업적 경영과 기술 혁신을 주장하였다.

① ㄱ, ㄴ ② ㄱ, ㄹ
③ ㄴ, ㄷ ④ ㄷ, ㄹ

14

< 보기 > 의 ㉠ ~ ㉣ 중 다음의 조약(條約)이 체결된 시기로 적절한 것은?

> 제1조 금일부터 20일 안에 조선국은 흉도를 체포하고 그 괴수를 엄중히 취조하여 중죄에 처한다.
> 제3조 조선국은 5만원을 내어 해를 당한 일본 관리들의 유족 및 부상자에게 주도록 한다.
> 제5조 일본 공사관에 군인을 약간 두어 경비한다. 그 비용은 조선국이 부담한다.
>
> <보기>
>
> 개항 → 조미수호 → 거문도 → 청일전쟁 → 을미사변
>   ㉠ 통상조약 ㉡ 사건 ㉢ ㉣

① ㉠ ② ㉡ ③ ㉢ ④ ㉣

15

다음의 역사적 사실들을 순서대로 바르게 나열한 것은?

> ㄱ. 프랑스 선교사와 신자 처형을 구실로 프랑스군은 강화도를 침략하여 의궤와 같은 문화유산을 약탈해갔다.
> ㄴ. 미국의 군함이 초지진을 함락하고 광성보를 공격하자 어재연이 이끄는 부대는 격렬하게 항전하였다.
> ㄷ. 흥선대원군은 통상수교거부정책을 널리 알리기 위해 척화비를 전국 각지에 건립하였다.
> ㄹ. 조선에 통상을 요구하였다가 거절당한 독일 상인 오페르트는 흥선 대원군의 부친 남연군의 묘를 도굴하려고 하였다.

① ㄱ→ㄹ→ㄴ→ㄷ
② ㄴ→ㄷ→ㄹ→ㄱ
③ ㄷ→ㄹ→ㄴ→ㄱ
④ ㄹ→ㄴ→ㄱ→ㄷ

16

독립협회가 관민공동회에서 결의한 헌의 6조의 내용으로 옳은 것은?

① 교육입국조서를 반포하여 각종 관립학교를 세웠다.
② 원수부를 설치하고 친위대와 진위대를 강화하였다.
③ 금본위 화폐제도와 중앙은행 설립을 추진하는 등 상공업 진흥을 위해 노력하였다.
④ 칙임관은 황제가 정부에 자문하여 그 과반수의 의견에 따라 임명하도록 하였다.

17

밑줄 친 이 지역에 대한 설명으로 옳지 않은 것은?

> 1876년 일본 내무성은 전국의 지도를 제작하였다. 이 과정에서 시마네현은 이 지역을 시마네현에 포함시킬 것인가에 대해 내무성에 질의하였다. 5개월의 조사 끝에 내무성은 "이 지역은 일본과 관계가 없다."라고 결론을 내렸다.

① 숙종 때 안용복은 일본에 건너가 울릉도와 더불어 조선의 영토임을 확인받았다.
② 고종은 대한제국 칙령 제41호를 공포하여 울릉도를 울도군으로 개칭 승격하고 이 지역을 관할하게 하였다.
③ 러·일 전쟁 이후 일본의 최고국가기관인 태정관에서는 이 지역의 문제는 일본과 관계가 없는 것이라는 최종 결론을 내렸다.
④ 일본 정부는 1870년대에 조선의 영토임을 인정했으면서도, 1905년 국제법상 무주지(無主地)라는 명목으로 일본 영토에 편입시켰다.

18

조선총독부가 실시한 소위 무단통치기의 내용으로 옳지 않은 것은?

① 한국인만을 대상으로 한 조선태형령을 시행하였다.
② 『치안유지법』을 제정하여 사상을 통제하고 사회운동을 탄압하였다.
③ 친일파를 중심으로 조선총독부의 자문기구인 중추원을 설치하였다.
④ 헌병이 일반 경찰업무와 행정업무까지 관여하고 즉결처분권을 행사하였다.

19

다음 (가), (나)의 정책에 대한 설명으로 옳지 않은 것은?

> (가) 회사가 본령이나 혹 본령에 의거하여 발하는 명령과 허가 조건에 위반하거나 또는 공공질서와 선량한 풍속에 반하는 행위를 할 때 조선 총독은 사업의 정지, 지점의 폐쇄 또는 회사의 해산을 명한다.
> (나) 토지소유자는 조선 총독이 정하는 기간 내에 주소, 씨명, 명칭 및 소유지의 소재, 사표, 등급, 지적, 결수 등을 임시토지조사국장에게 신고해야 한다.

① (가) - 허가제에서 신고제로 변경되었다.
② (나) - 지주 계층이 몰락하는 계기가 되었다.
③ (가) - 토지세 과세지가 확대되는 계기가 되었다.
④ (나) - 만주, 연해주로 이주하는 농민들이 많아졌다.

20

이승만 정부 시기의 경제 정책에 대한 설명으로 옳지 않은 것은?

① 일제가 남긴 귀속재산을 처리하기 위해 신한공사가 설립되었다.
② 『귀속 재산 처리법』에 따라 일본인이 소유했던 재산과 공장 등을 민간인에게 불하하였다.
③ 미국의 경제 원조로 식량 문제가 다소 해결되었으나, 국내 농산물 가격이 폭락하는 결과를 가져왔다.
④ 『농지개혁법』을 제정, 유상 매입, 유상 분배의 농지 개혁을 실시하여 농민 중심의 토지소유를 확립하였다.

4회

01

다음 밑줄 친 인물에 대한 설명으로 옳지 않은 것은?

> 25년에 무예가 병으로 죽으니, <u>그의 아들</u>이 왕위에 올랐다. 현종은 내시 단수간을 보내어 그를 책봉하여 발해 군왕으로 삼는 동시에 그의 아버지를 뒤이어 좌효위대장군 홀한주도독으로 삼았다.
>
> -『구당서』-

① 중경에서 상경으로 천도하였다.
② 황제국을 표방하며 황상이라 칭하였다.
③ 주자감을 설치하였다.
④ 교통의 요지에 15부와 62주를 두었다.

02

삼국시대의 정치제도에 대한 설명으로 옳은 것만을 < 보기 > 에서 모두 고르면?

<보기>
ㄱ. 고구려의 중앙정치는 대내상이 국정을 총괄하였다.
ㄴ. 백제는 관품 구별에 따라 자·비·청색의 공복을 입었다.
ㄷ. 고구려는 부에 욕살을, 성에 처려근지를 파견하였다.
ㄹ. 화백회의는 만장일치 원칙으로 회의의 의장은 상좌평이다.

① ㄱ, ㄴ   ② ㄴ, ㄷ
③ ㄴ, ㄹ   ④ ㄷ, ㄹ

03

고대의 문화에 대한 설명으로 옳지 않은 것은?

① 김대성이 현생과 전생의 부모를 위해 불국사와 석굴암을 건축하였다.
② 소정방이 백제를 멸망시킨 뒤, 정림사지 5층 석탑에 그 공을 새겨넣었다.
③ 선덕여왕 때 백제 장인 아비지에게 기술 지도를 받아 황룡사 9층 목탑을 건립하였다.
④ 사신도가 그려진 강서대묘는 돌무지무덤으로 축조되었다.

04

사료와 관련된 왕의 재위 기간에 있었던 사실로 옳은 것을 < 보기 > 에서 모두 고른 것은?

> 『춘추좌씨전』이나 혹은 『예기』, 『문선』을 읽고 그 뜻에 능통하면서 아울러 『논어』와 『효경』에 밝은 자를 상품으로, 『곡례』와 『논어』, 『효경』을 읽은 자를 중품으로, 『곡례』와 『효경』을 읽은 자를 하품으로 하였다. 만약 5경과 3사, 제자백가의 저서에 널리 통달한 사람이라면 등급을 뛰어넘어 선발하여 등용하였다.

<보기>
ㄱ. 그의 즉위는 김헌창의 난이 일어나는 계기가 되었다.
ㄴ. 발해에 일길찬 백어를 사신으로 파견하였다.
ㄷ. 국학을 태학감으로 고쳤다.
ㄹ. 당에 태평송을 바쳤다.

① ㄱ, ㄴ   ② ㄱ, ㄷ
③ ㄴ, ㄷ   ④ ㄴ, ㄹ

05

후삼국 시대에 대한 설명으로 옳지 않은 것을
< 보기 > 에서 모두 고른 것은?

<보기>

ㄱ. 견훤은 900년에 무진주에서 후백제를 건국하
   였다.
ㄴ. 견훤이 넷째 아들 금강을 후계자로 삼으려 하
   자, 장남 신검이 정변을 일으켰다.
ㄷ. 궁예는 국호를 태봉으로 바꾸고, 도읍을 철원으
   로 옮겼다.
ㄹ. 궁예는 미륵 신앙을 이용하여 전제 정치를 도모
   하였다.

① ㄱ, ㄴ　　　　　② ㄴ, ㄹ
③ ㄱ, ㄷ　　　　　④ ㄴ, ㄷ

06

다음 내용을 작성한 인물에 대한 설명으로 옳은
것을 < 보기 > 에서 모두 고른 것은?

혜종께서는 오랫동안 동궁에 계시면서 여러 차례
정사를 감독하고 군사를 위무하셨으며, 예를 갖추
어 스승을 존숭하고 관료들을 잘 대접하였습니다.
…(중략)… 정종께서는 잠저에 계실 때에 일찍부터
명성이 알려져 있었습니다. 혜종께서 병이 오랫동
안 낫지 않으시자 왕규 등이 몰래 도모하는 것이 있
어 왕실을 넘보았습니다. …(중략)… 광종께서는
정종의 고명을 받으셨는데 아랫사람을 대함에 예
를 더욱 돈독히 하시고, 사람의 됨됨이를 살피심에
그르침이 없도록 살피셨으며, … 즉위하신 해로부
터 8년 동안 정치와 교화가 맑고 태평하였으며, 형
벌과 상이 남발되지 않았습니다.　　　-「고려사절요」-

<보기>

ㄱ. 신라 6두품 출신 집안에서 태어나 유학자로 활
   동하였다.
ㄴ. 불교는 몸을 닦는 근본이므로 연등회·팔관회를
   장려하였다.
ㄷ. 과거제 시행을 건의하였다.
ㄹ. 유교와 불교가 융합된 유교 정치의 실현을 추구
   하였다.

① ㄱ, ㄴ　　　　　② ㄱ, ㄹ
③ ㄴ, ㄷ　　　　　④ ㄷ, ㄹ

07

밑줄 친 인물이 속한 국가와의 전쟁 중에 있었던 일로 옳은 것을 < 보기 > 에서 모두 고른 것은?

> <u>살례탑</u>이 처인성을 공격하였다. 한 승려가 전쟁을 피하여 성안에 있었는데, 살례탑을 쏘아 죽였다. 국가에서 그 전공을 칭찬하여 상장군을 주었다. 승려가 전공을 다른 사람에게 사양하면서 말하기를, "전투할 때에 나는 활과 화살이 없었으니, 어찌 감히 공 없이 무거운 상을 받겠습니까."라고 하고, 굳게 사양하여 받지 않았다. 이에 섭랑장을 제수하였다.
>
> 『고려사절요』-

<보기>
ㄱ. 삼별초는 김통정의 지휘 아래 제주도에서 항전을 지속하였다.
ㄴ. 왕이 복주로 피란을 떠나야 했다.
ㄷ. 천리장성을 축조하였다.
ㄹ. 불개토풍의 강화를 체결하였다.

① ㄱ, ㄴ
② ㄱ, ㄹ
③ ㄴ, ㄷ
④ ㄷ, ㄹ

08

고려 시대 조세 수취에 대한 설명으로 옳지 않은 것은?

① 양계에서의 조세 수취는 개경에 조세를 운반한 뒤 경창에 보관하였다.
② 양안과 호적을 토대로 조세, 공물, 부역 등을 부과하였다.
③ 토지를 논과 밭으로 구분하고, 비옥한 정도에 따라 3등급으로 나누어 조세를 부과하였다.
④ 개간을 장려하기 위해 사패전을 부농층에게 나누어 주었다.

09

고려시대의 예술 및 문화에 대한 설명으로 옳은 것을 < 보기 > 에서 모두 고른 것은?

<보기>
ㄱ. 공민왕이 그린 『천산대렵도』는 원대 북화의 영향을 받았다.
ㄴ. 이제현의 『역옹패설』, 이규보의 『백운소설』 등 가전체 문학이 유행하였다.
ㄷ. 고려 시대까지 서화로 유명했던 신품 4현은 김생, 유신, 탄연, 최우이다.
ㄹ. 관촉사 석조 미륵보살 입상은 신라 양식을 계승하였다.

① ㄱ, ㄴ
② ㄱ, ㄷ
③ ㄴ, ㄷ
④ ㄴ, ㄹ

10

다음 사실과 관련된 국왕 대에 있었던 사실로 옳지 않은 것은?

> 박권이 보고하였다. "총관이 백두산 산마루에 올라 살펴보았는데, 압록강의 근원이 산허리의 남쪽에서 나오기 때문에 이미 경계로 삼았으며, 토문강의 근원은 백두산 동쪽의 가장 낮은 곳에 한 갈래 물줄기가 동쪽으로 흘렀습니다. 총관이 이것을 가리켜 두만강의 근원이라 하고 말하기를, '이 물이 하나는 동쪽으로 하나는 서쪽으로 흘러서 나뉘어 두 강이 되었으니 분수령 고개 위에 비를 세우는 것이 좋겠다.'라고 하였습니다."

① 금위영이 설치되었다.
② 대동법이 전국적으로 실시되었다.
③ 안용복은 일본으로 가서 울릉도와 독도가 우리의 영토임을 확인받았다.
④ 무예도보통지를 편찬하였다.

11

조선 후기에 일어난 사회 변화에 대한 설명으로 옳지 않은 것은?

① 수령을 중심으로 한 관권이 강화되었다.
② 정조 대에 서얼이 청요직에 진출하는 것이 허용되었다.
③ 남귀여가혼에서 친영제도로 변화되었다.
④ 영조 대에 재정 확보를 위해 노비종모법이 시행되었다.

12

조선의 역사서에 대한 설명으로 바르게 서술한 것은?

ㄱ. 문종 대에 고려 역사를 자주적으로 정리한 『고려사』, 『고려사절요』가 완성되었다.
ㄴ. 성종 대에 서거정 등이 기전체 통사인 『동국통감』을 편찬하였다.
ㄷ. 이종휘의 『동사』는 최초로 단군 본기를 기록하였으며, 단군에서 부여, 고구려 흐름에 중점을 두었다.
ㄹ. 한치윤은 『해동역사』에서 500여 종의 중국·일본 자료를 참고하여 기사본말체 형식으로 저술하였다.

① ㄱ, ㄴ   ② ㄱ, ㄷ
③ ㄴ, ㄷ   ④ ㄷ, ㄹ

13

(가)와 (나) 주장에 대한 설명으로 옳지 않은 것은?

(가) 앎(知)은 마음의 본체이다. 심(心)은 자연히 지(知)를 모으게 한다. 아버지를 보면 자연히 효를 안다. 형을 보면 자연히 제(悌)를 안다. 어린 아이가 우물에 들어가려는 것을 보면, 자연히 측은을 안다. … 시비의 마음은 생각을 기다려서 아는 것이 아니고 배움을 기다려서 할 수 있는 것이 아니다. 그러므로 양지(良知)라 한다.

-『전습록』-

(나) 천체가 운행하는 것이나 지구가 자전하는 것은 그 세가 동일하니, 분리해서 설명할 필요가 없다. … 칠정(七政 : 태양, 달, 화성, 수성, 목성, 금성, 토성)이 수레바퀴처럼 자전함과 동시에 맷돌을 돌리는 나귀처럼 둘러싸고 있다.

-『담헌서』-

① (가)는 정권에서 소외된 소론, 서얼, 종친들 사이에서 가학(家學)으로 이어졌다.
② (가)를 수용하여 18세기 초 강화학파를 형성하였다.
③ (나)는 근대적 우주관으로 접근해 가고 있었다.
④ (나)는 화이관을 바탕으로 서양 학문을 수용하였다.

FINAL 작두 모의고사 문제 for. 지방직 대비

14

다음의 역사적 사실들을 일어난 순서대로 바르게 나열한 것은?

> ㄱ. 동학농민군의 전주성 점령
> ㄴ. 고부 농민 봉기 발발
> ㄷ. 거문도 사건
> ㄹ. 삼국간섭

① ㄱ → ㄴ → ㄷ → ㄹ
② ㄴ → ㄱ → ㄹ → ㄷ
③ ㄷ → ㄱ → ㄴ → ㄹ
④ ㄷ → ㄴ → ㄱ → ㄹ

15

밑줄 친 의병에 대한 설명으로 옳은 것은?

> 너희들이 의병을 일으킨 것은 다른 뜻이 있어서였겠는가? …… 나라를 어지럽힌 무리는 처단당하고 남은 수괴들은 이미 다 귀양갔다. …… 지금의 형세를 헤아리고 짐의 고충을 잘 살피어 즉시 원래의 생업으로 돌아가라.
> 　　　　　　　　　　　　　- 「고종실록」-

① 잔여 세력은 반침략·반봉건 활동을 계속하였다.
② 평민 의병장인 신돌석이 등장하여 활약하였다.
③ 13도 창의군을 결성하여 서울 진공 작전을 펼쳤다.
④ 해산 군인의 합류로 의병의 조직력과 전투력이 강화되었다.

16

한말 애국계몽운동에 대한 설명으로 옳지 않은 것은?

① 헌정연구회는 독립협회 출신 인사들이 조직하였으며, 일진회를 비판하였다.
② 신민회는 고종 강제퇴위 반대운동을 전개하다가 통감부에 의해 적발되었다.
③ 보안회는 일본이 황무지 개척을 구실로 토지를 약탈하려 하자 이를 철회시켰다.
④ 대한자강회는 국권회복을 위해 자강에 힘쓰자는 입장에서 교육개발, 식산흥업 등을 주장하였다.

17

다음과 같은 강령을 채택한 단체에 대한 설명으로 옳은 것은?

> • 부호의 의연금 및 일본인이 불법 징수하는 세금을 압수하여 무장을 준비한다.
> • 남북만주에서 사관학교를 설치하여 독립 전사를 양성한다.
> • 일인고관 및 한인 반역자를 수시 수처에서 처단하는 행형부를 둔다.
> • 무력이 완비되는 대로 일본인 섬멸전을 단행하여 최후 목적을 달성한다.

① 6·10 만세 운동을 전개하였다.
② 민족 유일당 운동의 일환으로 조직되었다.
③ 고종의 밀명을 받고 각지의 유생을 모아 조직하였다.
④ 공화주의 이념을 바탕으로 박상진 등이 대구에서 조직하였다.

18

⊙ ~ ⓒ에 들어갈 내용으로 옳은 것은?

- (⊙)은 문헌고증의 방법을 통해 한국사를 실증적으로 연구하였으며, 진단학회를 조직하였다. 이병도, 손진태 등이 대표적 인물이다.
- (ⓛ)은 사적유물론에 바탕하여 한국사가 세계사적 발전과정과 같다고 강조하면서 식민사관과 정체성론을 비판하는 사관으로서 백남운, 이청원 등이 대표적 인물이다.
- (ⓒ)은 민족사의 자주성과 주체성을 강조하면서 민족 정신을 중시하고 역사연구를 독립운동의 한 방법으로 인식하는 사관으로서 박은식, 신채호 등이 대표적이다

	⊙	ⓛ	ⓒ
①	민족주의사학	사회경제사학	실증사학
②	실증사학	사회경제사학	민족주의사학
③	민족주의사학	실증사학	사회경제사학
④	사회경제사학	실증사학	민족주의사학

19

일제의 경제 수탈 정책을 시기 순으로 바르게 나열한 것은?

- ㄱ. 일본 내 식량 부족을 해결하려는 산미증식계획이 중단되었다.
- ㄴ. 재정 수입을 확대하고자 토지조사사업이 전개되었다.
- ㄷ. 우리나라 토지와 자원을 수탈하기 위해 동양척식회사가 설립되었다.
- ㄹ. 신은행령을 시행하여 한국인 소유의 은행을 강제 합병하려 하였다.

① ㄱ - ㄴ - ㄷ - ㄹ
② ㄴ - ㄱ - ㄹ - ㄷ
③ ㄷ - ㄴ - ㄹ - ㄱ
④ ㄷ - ㄹ - ㄱ - ㄴ

20

(가) ~ (라) 시기에 있었던 경제 상황에 대한 설명으로 옳지 않은 것은?

1960년	1970년	1980년	1990년	2000년
(가)	(나)	(다)	(라)	

① (가) - 브라운 각서를 통해 경제개발 자금을 마련하였다.
② (나) - 1차 경제개발계획이 실시되어 공업화의 기초를 다졌다.
③ (다) - 저금리 · 저유가 · 저달러의 3저 현상으로 호황을 맞이하였다.
④ (라) - 국제통화기금(IMF)의 긴급 구제금융을 지원받았다.

FINAL 작두 모의고사 문제 for. 지방직 대비

5회

01

다음에 해당하는 나라에 대한 설명으로 옳은 것은?

> 큰 산과 깊은 골짜기가 많고 평원과 연못이 없다. 사람들이 계곡을 따라 사는데 골짜기 물을 식수로 마셨다. 좋은 농경지가 없어서 부지런히 농사를 지어도 배를 채우기가 부족하다. 사람들의 성품은 흉악하고 급하며 노략질하기를 좋아하였다.
>
> - 『삼국지』 -

① 대군왕은 없고 대대로 읍락에 장수가 있었다.
② 왕이 죽으면 주변 사람을 함께 묻는 순장 풍습이 있었다.
③ 10월에 제천행사를 성대하게 치르고, 국동대혈에 모여 제사를 지냈다.
④ 다른 부족의 생활권을 침범하면, 책화라 하여 노비와 소, 말로 변상하게 하였다.

02

발해 정효공주 무덤에 대한 설명으로 적절하지 않은 것은?

① 죽은 자의 가족 관계를 기록한 묘지(墓誌)가 있다.
② 굴식 돌방무덤으로, 돌사자상이 출토되었다.
③ 당의 영향을 받은 벽돌무덤 양식이다.
④ 벽면에 늘어서 있는 인물들의 벽화가 있다.

03

다음은 발해사의 전개 과정이다. 시기순으로 바르게 나열한 것은?

> ㄱ. 일본과 국교를 맺었고, 해군을 보내어 당나라를 공격하였다.
> ㄴ. 말갈 세력 대부분을 복속시키고 고구려 영토 대부분을 차지하였다.
> ㄷ. 남경에 설치한 신라도를 통해 신라의 사신 일길찬 백어가 최초로 방문하였다.

① ㄱ → ㄴ → ㄷ
② ㄱ → ㄷ → ㄴ
③ ㄴ → ㄱ → ㄷ
④ ㄷ → ㄱ → ㄴ

04

고려 경종 대의 역사적 사실로 옳은 것은?

① 인품과 관등을 기준으로 전시과를 제정하였다.
② 12목을 설치하고 최초로 지방관을 파견하였다.
③ 빈민구제기금인 제위보를 설치하였다.
④ 고려가 황제국임을 내세우며 국왕의 권위를 높였다.

05

다음 주장을 펼친 승려에 대한 설명으로 옳은 것을 < 보기 > 에서 모두 고른 것은?

> 지금의 불교계를 보면 아침저녁으로 행하는 일들이 비록 부처의 법에 의지하였다고 하나, 자신을 내세우고 이익을 구하는 데 열중하며 세속의 일에 골몰한다. 도덕을 닦지 않고 옷과 밥만 허비하니, 비록 출가하였다고 하나 무슨 덕이 있겠는가? … (중략) … 마땅히 명예와 이익을 버리고 산림에 은둔하여 항상 선(禪)을 익히고 지혜를 고르는 데 힘쓰면서 예불하고 경전을 읽으며 힘들여 일하는 것에 이르기까지 각자 맡은 바 임무에 따라 경영하도록 하자.

<보기>

ㄱ. 중국에서 도입한 법안종을 중심으로 선종을 정리하였다.
ㄴ. 불교 경전에 대한 주석서를 모아 교장(校葬)을 편찬하였다.
ㄷ. 무신 정권기 불교 개혁 운동을 주도하고 최씨 정권의 후원을 받았다.
ㄹ. 돈오점수와 정혜쌍수를 주장하며 선·교 일치 사상을 완성하였다.

① ㄱ, ㄴ   ② ㄴ, ㄷ
③ ㄴ, ㄹ   ④ ㄷ, ㄹ

06

㉠, ㉡에 대한 설명으로 옳은 것은?

> 그 실상은 낭가와 불교 양가 대 유교의 싸움이며, 국풍파 대 한학파의 싸움이며, 독립당 대 사대당의 싸움이며, 진취 사상 대 보수 사상의 싸움이니, (㉠)은(는) 전자의 대표요 (㉡)은(는) 후자의 대표였던 것이다.

① ㉠ - 정감록에 기반하여 서경 천도를 주장하였다.
② ㉠ - 거란의 압력에 대항하여 칭제건원을 주장하였다.
③ ㉡ - 개경 중심의 문벌 귀족을 대표하였다.
④ ㉡ - 사병 조직인 도방을 확대하여 서경의 반란군을 진압하였다.

07

다음 사건 당시 왕에 대한 사실로 옳은 것은?

> 거란 임금이 스스로 군사를 거느리고 와서 강조를 토벌한다고 하며 흥화진을 포위하였다. (중략) 거란 임금은 통주의 성 밖에서 추수하는 남녀를 사로잡아 각각 비단옷을 하사하고 종이로 감싼 화살 한 개를 주었으며, 군사 300여 명으로 하여금 흥화진까지 호송하여 항복을 권유하게 하였다. (중략) 거란이 강조의 편지를 위조하여 흥화진에 보내어 항복하라고 설득하니, 양규가 말하기를, "나는 왕명을 받고 왔지, 강조의 명령을 받은 것이 아니다."라고 하면서 항복하지 않았다.
>
> -『고려사』-

① 대장경 조판 사업을 처음으로 시작하였다.
② 2성 6부제를 마련하여 중앙 관제를 정비하였다.
③ 국자감을 설치하고 지방에 경학박사를 파견하였다.
④ 거란의 침입에 대비하기 위해 광군 30만을 조직하였다.

08

고려 시대의 과학기술에 대한 설명으로 옳은 것은?

① 간의대에서 일식, 혜성, 태양 흑점 등을 관측하였다.
② 10리마다 눈금을 표시하여 지도제작의 과학화에 기여하였다
③ 식자판 조립법을 이용하여 대량 인쇄가 가능하였다.
④ 우리나라 약초로 병을 치료하는 의학서인 향약구급방이 편찬되었다.

09

다음 해당하는 인물에 대한 설명으로 옳지 않은 것은?

> 중종 대왕께서 '도를 밝히는 것'과 '홀로 있을 때 조심하는 것'을 마음을 다스리는 요점으로 하고, 조정에 그 도를 세우셔야 합니다. 그러면 어렵지 않게 기강이 서고, 법도가 정해질 것입니다.
>
> -『일성시책』-

① 자격이 없는 사람의 공신 칭호를 박탈할 것을 주장하였다.
② 소격서 폐지를 주장하였다.
③ 향약 보급을 위해 노력하였다.
④ 붕당 정치를 통해 개혁을 추진하였다.

10

밑줄 친 인물의 행적에 대한 설명으로 옳지 않은 것은?

> 용골대와 마부대가 성 밖에 와서 상의 출성을 재촉하였다. 상이 남염의(藍染衣) 차림으로 백마를 타고 의장은 모두 제거한 채 시종 50여 명을 거느리고 서문을 통해 성을 나갔는데, 왕세자가 따랐다. 백관으로 뒤쳐진 자는 서문 안에 서서 가슴을 치고 뛰면서 통곡하였다. (중략) 용골대가 말하기를, "지금 이후로는 두 나라가 한 집안이 되는데, 무슨 걱정이 있겠습니까. 시간이 이미 늦었으니 속히 갔으면 합니다." (후략)
>
> -『조선왕조실록』-

① 청의 문물을 받아들여 북벌에 나서고자 하였다.
② 북경에서 아담 샬과 만나 교류하였다.
③ 심양관에서 외교적 업무를 수행하였다.
④ 조선인 포로 송환을 위해 노력하였다.

11

조선 성종 시기의 사실로 옳지 않은 것은?

① 홍문관을 설치하여 경연을 활성화하였다.
② 관수관급제를 시행하여 국가의 토지지배권을 강화
하였다.
③ 조선경국전을 완성하고 반포하였다.
④ 도첩제를 폐지하는 등 억불정책을 펼쳤다.

12

조선 시대의 예술에 대한 설명으로 옳은 것은?

① 음악의 원리와 역사 등을 체계화한 음악이론서인
『악학궤범』을 편찬하였다.
② 조선 전기에는 소박한 멋을 보여주는 청화 백자가
제작되었다.
③ 태조 때 우리나라를 정확히 묘사한 천상열차분야
지도가 제작되었다.
④ 궁궐, 관아, 성문, 학교 건축이 발달했던 고려와는
대조적으로 사원 건축이 발달하였다.

13

다음 내용이 실린 책에 대한 설명으로 옳은 것은?

우리 전하가 즉위하신 10년 무술년 봄 1월에 신 양
성지가 『팔도지지』를 바치고, 서거정 등이 『동문선』
을 바쳤더니, 전하께서는 드디어 노사신, 강희맹,
성임, 양성지, 정효항, 김자정, 이숙함, 박숭질, 박미
및 서거정 등에게 명하여 시와 문을 '지지'에 넣게
하셨습니다. (중략) 연혁을 먼저 쓴 것은 한 고을의
흥폐를 먼저 몰라서는 안 되기 때문이고, 풍속과 형
승을 다음에 쓴 것은 풍속은 한 고을을 유지시키는
바이며, 형승은 사경을 공대하는 바이므로 명산대
천을 경위로 삼고, 높은 성과 큰 보루를 금포로 삼
았습니다.

① 조세 수취 자료를 수집하기 위해 조사하였다.
② 우리나라 각 지역의 인문 지리적 특성을 제시하였
다.
③ 동물, 식물, 광물, 지질 등을 기록한 농촌 생활 백과
사전이다.
④ 세계지도인 곤여만국전도를 수록하였다.

14

**다음 자료와 관련된 인물에 대한 설명으로 옳은
것은?**

대저 우리나라가 아시아의 중립국이 된다면 러시
아를 방어하는 큰 기틀이 될 것이고, 또한 아시아의
여러 대국들이 서로 보전하는 정략도 될 것이다. 오
직 중립만이 우리나라를 지키는 방책인데, 우리 스
스로가 제창할 수도 없으니 중국에 청하여 처리해
야 할 것이다.

① 1876년에 1차 수신사로 일본에 다녀왔다.
② 제2차 김홍집 내각의 법부대신이 되었다.
③ <서유견문>을 저술하였다.
④ 우정총국이 설립되자 우정국 총판에 임명되었다.

15

다음 글은 어느 신문사에 등재된 글이다. 이 신문에 대한 설명으로 옳은 것은?

> 소위 우리 정부의 대신이라는 자들이 출세와 부귀를 바라고 거짓 위협에 겁을 먹어 뒤로 물러나 벌벌 떨며 매국의 역적이 되기를 달게 받아들였다. 4,000년 강토와 500년 종사를 남에게 바치고 2,000만 국민을 남의 노예로 만드니 아! 원통하고, 아! 분하도다. 우리 2,000만 남의 노예가 된 동포여! 살았는가, 죽었는가! 단군 기자 아래 4000년 국민 정신이 하룻밤 사이에 갑자기 멸망하고 말 것인가. 원통하고 원통하다. 동포여, 동포여!

① 우리나라 최초의 신문이다.
② 남궁억이 발간한 국한문혼용체의 신문이다.
③ 황무지 개간권 요구 반대 운동에 앞장섰다.
④ 띄어쓰기를 실시한 최초의 순한글판 신문이다.

16

다음 연표에서 (가) ~ (라) 시기의 정치적 상황으로 옳은 것은?

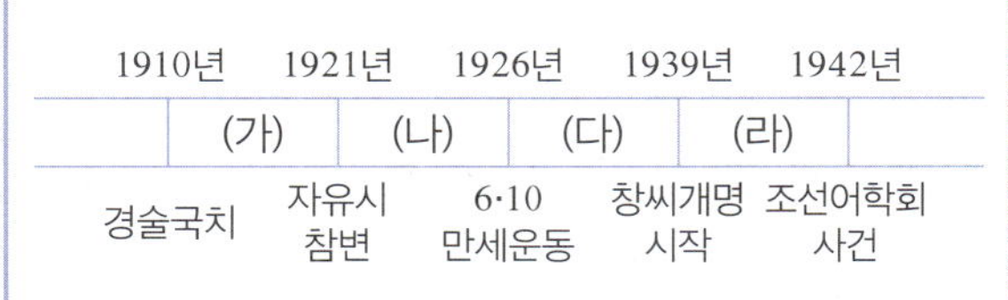

1910년	1921년	1926년	1939년	1942년
	(가)	(나)	(다)	(라)
경술국치	자유시 참변	6·10 만세운동	창씨개명 시작	조선어학회 사건

① (가) - 회사령을 철폐하였다.
② (나) - 국민부와 혁신 의회가 조직되었다.
③ (다) - 무오독립선언이 발표되었다.
④ (라) - 징병제를 실시하였다.

17

다음 자료의 사건 이후에 일어난 변화로 가장 옳은 것은?

> 1979년 8월 6일 회사에서는 다시 폐업 공고를 했고, 7일에는 일방적으로 회사 기숙사 식당을 폐쇄한다고 발표하였다. 회사에서 일방적으로 쫓겨날 위기에 처하자, YH노조는 도시산업선교회 등 종교단체와 시민사회단체에 도움을 요청하였고, 노동자들 일부를 기숙사에 잔류시키며, 사회에 호소하기 위해 8월 9일 새벽 야당인 신민당의 당사에 187명의 노동자를 결집하여 농성을 벌였다.

① 부마 민주 항쟁이 일어났다.
② 3·1 민주 구국 선언이 발표되었다.
③ 민의원과 참의원의 양원제 국회가 출범하였다.
④ 전태일이 근로 기준법 준수를 외치며 분신하였다.

18

(가), (나) 조약에 대한 설명으로 옳은 것을 < 보기 > 에서 고른 것은?

> (가) 제5관. 미국 상인과 상선이 조선에 와서 무역을 할 때 입출항하는 화물은 모두 세금을 바쳐야 하며, 세금을 거두는 권한은 조선이 자주적으로 행사한다.
>
> (나) 제37관. 조선국에서 가뭄과 홍수, 전쟁 등의 일로 국내에 양식이 부족할 것을 우려하여 일시 쌀 수출을 금지하려고 할 때에는 1개월 전에 지방관이 일본 영사관에 통지한다.

〈보기〉

ㄱ. (가) - 최혜국 대우 내용을 포함하였다.
ㄴ. (가) - 임오군란의 영향으로 체결되었다.
ㄷ. (나) - 방곡령 시행에 대한 규정을 명시하였다.
ㄹ. (나) - 재정 고문을 두도록 하는 조항을 담고 있다.

① ㄱ, ㄴ   ② ㄱ, ㄷ   ③ ㄴ, ㄷ   ④ ㄷ, ㄹ

19

조선어 학회에 대한 설명으로 적절하지 않은 것은?

① 한글 맞춤법 통일안을 제정하였다.
② 잡지 <한글>을 창간하였다.
③ <우리말 큰사전> 편찬을 시도하였다.
④ 치안유지법에 의해 강제 해산당하였다.

20

< 보기 >의 내용이 발표된 이후에 전개된 사실로 옳은 것은?

> **〈보기〉**
> 1. 문벌(門閥), 양반(兩班)과 상인(常人)들의 등급을 없애고 귀천에 관계없이 인재를 선발하여 등용한다.
> 1. 남녀 간의 조혼(早婚)을 속히 엄금하며 남자는 20세, 여자는 16세 이상이라야 비로소 혼인을 허락한다.
> 1. 과부가 재혼하는 것은 귀천을 막론하고 자신의 의사에 맡긴다.
> 1. 공노비(公奴婢)와 사노비(私奴婢)에 관한 법을 일체 혁파하고 사람을 사고파는 일을 금지한다.

① 별기군이 창설되었다.
② 한성순보가 발행되었다.
③ 통리기무아문이 설치되었다.
④ 재판소를 설치하여 사법권을 독립시켰다.

6회

01

(가)와 (나)의 나라에 대한 설명으로 옳은 것은?

> (가) 고구려 개마대산 동쪽에 있는데 개마대산은 큰 바닷가에 맞닿아 있다. …(중략)… 그 나라 풍속에 여자 나이 10살이 되기 전에 혼인을 약속한다. 신랑 집에서는 여자를 맞이하여 다 클 때까지 길러 아내를 삼는다.
> (나) 남쪽으로는 진한과 북쪽으로는 고구려·옥저와 맞닿아 있고 동쪽으로는 큰 바다에 닿았다. …(중략)… 해마다 10월이면 하늘에 제사를 지내는데 밤낮으로 술 마시며 노래 부르고 춤추니, 이를 무천이라고 한다.

① (가) - 10월에 추수에 감사하며 계절제를 행하였다.
② (가) - 단궁·과하마·반어피 등이 유명하였다.
③ (나) - 골장제의 장례 풍습이 있었다.
④ (나) - 다른 읍락을 침범하면 책화라 하여 노비, 소, 말로 배상하였다.

02

다음 수취제도를 가진 나라와 관련된 내용으로 옳은 것은?

> • 세(稅)는 포목, 명주실과 삼, 쌀을 내었는데, 풍흉에 따라 차등을 두어 받았다.
> - 『주서』 -
> • 한수(漢水) 동북 여러 부락인 가운데 15세 이상 된 자를 징발하여 위례성을 수리하였다.
> - 『삼국사기』 -

① 남중국 및 왜와 무역을 활발하게 전개하였다.
② 경당을 설치하여 학문과 무예를 가르쳤다.
③ 승려 혜자는 쇼토쿠 태자의 스승이 되었다.
④ 낙랑과 왜를 연결하는 중계 무역이 발달하였다.

03

밑줄 친 '이들'이 등장한 시기에 대한 설명으로 옳지 않은 것은?

> 이들은 스스로 성주, 장군이라고 칭하면서 지역에서 실질적인 지배력을 행사하였다. 이들은 지방으로 낙향한 진골 귀족이나 6두품 계층, 무역에 종사하면서 재력과 무력을 키운 세력, 촌의 행정을 담당한 촌주 출신이 주를 이루었다.

① 전국적으로 농민 반란이 발생하였다.
② 최치원이 시무 10조를 건의하였다.
③ 귀족들의 반발로 녹읍이 부활하였다.
④ 선종의 영향을 받은 승탑과 탑비가 유행하였다.

04

다음 보기의 (가)에 해당하는 왕의 재위 기간에 있었던 일을 모두 고른 것은?

> (가) 때 대사 중서령 최충이 후진을 모아 교육하기를 게을리하지 아니하니 선비와 평민의 자제가 그의 집과 마을에 가득했다. 마침내 9재로 나누어 ...(중략)... 그 후로부터는 무릇 과거에 나아가려는 이는 9재에 이름을 올리게 되니 이름하여 문헌공도라 했다. 또 유신으로서 도를 세운 이가 11인이 있다.
> - 고려사 -

<보기>
가. 기인제도가 실시되었다.
나. 한양을 남경으로 승격하여 3경에 포함하였다.
다. 노비안검법이 시행되었다.
라. 현직 관리만 수조권을 지급하였다.
마. 주전도감을 설치하였다.

① 가, 라　　　　② 가, 다
③ 나, 라　　　　④ 다, 마

05

다음 고려 후기에 활동한 승려의 활동에 대한 설명으로 옳은 것은?

> 임진년(1232년) 여름 4월 8일 처음 보현도량(普賢道場)을 결성하고 법화삼매(法華三昧)를 수행하여, 극락정토에 왕생하기를 구하였는데, 모두 천태삼매의(天台三昧儀)를 그대로 따랐다. 오랫동안 법화참(法華懺)을 수행하고 전후에 권하여 발심시켜 이 경을 외우도록 하여 외운 자가 100여 명이나 되었다.

① 유교와 불교는 다름이 없다 하여 유불일치를 강조하였다.
② 법화 신앙을 내세운 천태종 계통의 백련결사를 조직하였다.
③ 이론의 연마와 실천을 아울러 강조하는 교관겸수를 제창하였다.
④ 『화엄일승법계도』를 지어 화엄사상을 정비하였다.

06

다음 밑줄 친 왕이 재위하던 시기에 대한 설명으로 옳은 것은?

> 왕이 어느 날 홀로 한참 동안 통곡하였다. 이자겸의 십팔자(十八字)가 왕이 된다는 비기(秘記)가 원인이 되어 왕위를 찬탈하려고 독약을 떡에 넣어 왕에게 드렸던바, 왕비가 은밀히 왕에게 알리고 떡을 까마귀에게 던져주었더니 그 까마귀가 그 자리에서 죽었다.
> -『고려사』-

① 관학 진흥을 위해 국자감에 7재를 처음 설치하고 양현고를 두었다.
② 평양에 기자를 숭배하는 기자사당을 세워 국가에서 제사하기 시작했다.
③ 왕권 회복을 위해 서경에 대화궁을 건설하였다.
④ 관리의 어려움으로 동북 9성을 여진에게 반환하였다.

07

밑줄 친 '그'에 대한 설명으로 옳지 않은 것은?

우왕이 혼자서 <u>그</u>와 몰래 요동을 공격하는 일을 의논하였는데, 그가 권한 것이었다. (중략) 최원지가 또 보고하기를, "요동도사가 지휘 2명을 보내어 군사 1,000여 명으로 강계에 와서 장차 철령위를 세우려 하고 있으며 명 황제가 이미 관아와 역참을 설치하였습니다."라고 하였다. 왕이 울면서 말하기를, "여러 신하들이 내가 요동을 공격하려는 계획을 듣지 않아서 이러한 지경에 이르게 하였다."라고 하였다. 마침내 8도의 군사를 징발하고 동교에서 군사를 열병하였다.

- 『고려사』 -

① 전횡을 일삼던 이인임 일파를 제거하였다.
② 정도전, 조준 등 급진 개혁파 신진사대부와 뜻을 함께하였다.
③ 왜구와 홍건적을 격퇴하며 신흥 무인 세력으로 성장하였다.
④ 위화도 회군 후 이성계에 의해 제거되었다.

08

다음 토지 제도에 대한 설명으로 옳지 않은 것은?

경기는 사방의 근본이니 마땅히 과전을 설치하여 사대부를 우대한다. 무릇 경성에 거주하여 왕실을 시위(侍衛)하는 자는 직위의 고하에 따라 과전을 받는다.

- 『고려사』 -

① 과전을 지급함으로써 조선 개국 세력의 경제적 기반이 되었다.
② 관리가 되었으면서도 관직을 받지 못한 사람들에게 한인전을 지급하였다.
③ 수신전, 휼양전을 죽은 관료의 가족에게 지급하였다.
④ 문무 관료들에게 경기 지방의 토지에 한해서 수조권을 지급하였다.

09

정도전에 대한 설명으로 옳지 않은 것은?

① 재상 중심의 통치 체제 확립을 주장하였다.
② 한양 도성 건설에 참여하였다.
③ 요동 정벌을 계획하며 군사력 강화에 노력하였다.
④ 소격서를 폐지하고 성리학을 통치 이념으로 확립하였다.

10

다음 시기의 사회 모습에 대한 설명으로 적절하지 않은 것은?

> 아버지 쪽의 혈연이 중시되면서 외가나 처가 쪽 친척은 특별한 경우가 아니면 족보에 기재하지 않았고, 아들이 없으면 양자를 들이는 경우가 많았다.

① 신해통공으로 모든 시전상인의 금난전권을 철폐하였다.
② 조세의 금납화가 확산되고 상품 화폐 경제가 발달하였다.
③ 양반의 수는 늘어나고 상민과 노비의 수는 줄어들었다.
④ 부계 중심의 족보가 편찬되었고, 집성촌이 형성되었다.

11

밑줄 친 '이 기구'에 대한 설명으로 옳은 것은?

> 이 기구는 일시적인 전쟁 때문에 임시로 설치한 것으로서 국가의 중요한 일을 모두 다 맡긴 것은 아니었습니다. 그런데 오늘에 와서는 큰일이건 작은 일이건 중요하지 않은 것이 없는데, 의정부는 한갓 헛된 이름만 남고 6조는 모두 그 직임을 상실하였습니다. 이 기구의 명칭은 '변방의 문제에 대비하는 것'인데, 과거 시험에 대한 판단이나 비빈(妃嬪)을 간택하는 등의 일까지도 모두 여기를 거쳐 나옵니다.

① 의정부를 견제하고 왕권을 강화하는 역할을 하였다.
② 흥선대원군에 의해 폐지되었다.
③ 왜구의 침입에 대비하여 16세기 초 상설 기구로 설치되었다.
④ 왕명 출납을 담당한 국왕의 비서 기관이었다.

12

조선 중기 이후 정치 상황에 대한 설명으로 옳지 않은 것은?

① 사림이 서인과 동인으로 나뉘면서 상호 비판적인 붕당 정치가 전개되었다.
② 인조반정 이후 반정을 주도한 서인은 북인과 연합하여 정국을 운영해 갔다.
③ 현종 대에는 효종의 왕위 계승에 대한 정통성과 관련하여 예송이 발생하였다.
④ 경종은 노론의 우세 속에서 소론의 후원을 받아 즉위하였다.

13

임진왜란에 대한 설명으로 옳은 것을 < 보기 >에서 모두 고른 것은?

> <보기>
> ㄱ. 휴전 협상이 진행되는 동안 조선은 훈련도감을 설치해 군대의 편제를 바꾸었다.
> ㄴ. 전쟁 이후 일본은 사죄의 목적으로 우리나라에 통신사를 파견하였다.
> ㄷ. 정유재란이 발발하면서 원균이 칠천량에서 일본군을 상대하였지만 크게 패배하였다.
> ㄹ. 정봉수는 용골산성을 거점으로 항전하였다.

① ㄱ, ㄴ   ② ㄱ, ㄷ
③ ㄴ, ㄷ   ④ ㄷ, ㄹ

FINAL 작두 모의고사 문제 for. 지방직 대비

14

다음 의식과 함께 추진된 개혁에 관한 내용으로 옳은 것은?

> 왕이 위호를 대군주라 하시고, 12월 12일에는 종묘와 사직에 맹세하시며 조칙을 신하와 백성에게 반포하셨다. 대개 청나라에 의존하던 생각을 끊어 버리고 자주 독립의 기초를 확고히 세우며 왕실의 전범을 제정하여 왕위 계승과 종친 및 외척의 정당한 도리를 정하셨다.

① 통리기무아문과 12사를 설치하였다.
② 지방 행정 구역을 8도에서 23부로 개편하였다.
③ 청의 연호를 쓰지 않고 개국기년을 사용하였다.
④ 공사 노비법을 혁파하고 과부의 재가를 허용하였다.

15

다음 자료에 나타난 사건이 발생한 배경으로 옳은 것은?

> 27일, 임금이 궁을 나와 러시아공관으로 옮겼다. 김홍집, 정병하 등을 잡아 살해하자 유길준, 장박, 조희연 등은 도주하였다.
> 이 일이 발생하기 전에 고종은 헌정에 속박되는 것을 싫어하여 이범진, 이완용 등과 함께 러시아의 힘을 빌려 김홍집 등을 제거하려고 하였다. 그러나 러시아인들은 도리어 우리나라를 차지하려는 속셈을 가지고 있었다.

① 을미사변이 일어났다.
② 원수부가 설치되었다.
③ 러일 전쟁이 발발하였다.
④ 한일 신협약이 체결되었다.

16

박정희 정부 시기의 경제 상황에 대한 설명으로 옳은 것은?

① AID 차관 협정을 맺었다.
② 미국과 자유 무역 협정(FTA)을 체결하였다.
③ 3저 호황으로 물가가 안정되고 수출이 증가하였다.
④ 대통령의 긴급 명령으로 금융 실명제를 실시하였다.

17

다음 글을 저술한 인물에 대한 설명으로 옳은 것은?

> 계급 투쟁은 민족의 내부 분열을 초래할 것이며, 민족의 내쟁은 필연적으로 민족의 약화에 따르는 다른 민족으로부터의 수모를 초래할 것이다. 계급투쟁의 길은 우리가 반드시 취해야 할 필요는 없고, 민족 균등이 실현되는 날 그것은 자연 해소되는 문제다 … 이 세계적 기운과 민족적 요청에서 민족 사관은 출발하는 것이며, 민족사는 그 향로와 방법을 명백하게 과학적으로 지시하여야 할 것이다.
> － <조선 민족사 개론> －

① 진단 학회를 창립하고 진단 학보를 발행하였다.
② 마르크스 유물사관을 바탕으로 한국사를 연구하였다.
③ 평양에서 조선 물산 장려회 발기인 대회를 개최하였다.
④ 실천적인 유교 정신을 강조하는 유교구신론을 저술하였다.

18

밑줄 그은 '대표'가 파견된 배경으로 적절한 것은?

> 대한제국 황제 폐하의 특명에 의해 헤이그 평화 회의 <u>대표</u>로 파견된 전 의정부 참찬 이상설(李相卨), 전 대한제국 평리원 검사 이준(李儁), 전 상트 페테르부르크 주재 대한제국공사관의 전 서기관 이위종(李瑋鍾)은 존경하는 각하 제위들에게 우리나라 독립이 1884년 여러 강대국에 보장·승인되었음을 주지시켜 드리고자 합니다.

① 고종이 강제로 퇴위되었다.
② 초대 총독으로 데라우치가 부임하였다.
③ 외교권이 강탈되고 통감부가 설치되었다.
④ 기유각서를 통해 일제에 사법권을 박탈당하였다.

19

(가) 부대의 활동으로 옳은 것은?

> (가)의 총사령 양세봉, 참모장 김학규 등은 일부 병력을 이끌고 중국 의용군 부대와 합세하였다. 일본군과 만주군이 신빈현성의 고지대를 거점으로 삼아 먼저 공격했으나 아군이 응전하여 이를 탈취하였다. 아군은 승세를 몰아 적들을 추격한 끝에 당일 오후 3시경 영릉가성을 점령하였다. 5일간의 격렬한 전투에서 한중 연합군은 신빈현 일대 여러 곳을 점령하는 등 커다란 수확을 거두었다.

① 홍경성에서 일본군을 격퇴하였다.
② 호가장 전투에서 크게 활약하였다.
③ 대전자령 전투에서 큰 전과를 올렸다.
④ 자유시 참변으로 큰 피해를 입었다.

20

다음 법령이 발표된 이후의 시기에 볼 수 있는 모습으로 적절하지 않은 것은?

> 제4조 정부는 국가 총동원상 필요할 때는 칙령이 정하는 바에 따라 제국 신민을 징용하여 총동원 업무에 종사하게 할 수 있다. 단, 병역법의 적용을 방해하지 않는다. 제8조 정부는 전시에 국가 총동원상 필요할 때는 칙령이 정하는 바에 따라 물자의 생산·수리·배급·양도·기타의 처분, 사용·소비·소지 및 이동에 관하여 필요한 명령을 내릴 수 있다

① 학생들이 국민학교에서 공부하였다.
② 친일 지식인들이 징병제를 찬양하였다.
③ 국민 징용령이 실시되었다.
④ 남면북양 정책이 실시되었다.

7회

01

다음 사건을 발생한 순서에 따라 바르게 나열한 것은?

> ㄱ. 을지문덕이 살수에서 수나라 군대를 물리쳤다.
> ㄴ. 김춘추가 나·당 동맹을 체결하였다.
> ㄷ. 이문진이 『신집』 5권을 편찬하였다.
> ㄹ. 당 태종이 안시성을 공격하였다.

① ㄱ→ㄴ→ㄹ→ㄷ
② ㄱ→ㄹ→ㄷ→ㄴ
③ ㄴ→ㄷ→ㄱ→ㄹ
④ ㄷ→ㄱ→ㄹ→ㄴ

02

밑줄 친 '왕'에 대한 설명으로 옳은 것을 < 보기 > 에서 모두 고른 것은?

> 왕은 이차돈을 불러 문책하고 …(중략)… 분노하여 그를 죽이라고 명했다. …(중략)… 옥리가 그의 목을 베니 하얀 피가 한 길이나 솟았다. 하늘은 사방이 컴컴해지며 볕은 기울어 밝음을 감추고 땅은 진동하고 꽃비가 내렸다.
>
> <보기>
> ㄱ. 금관가야를 병합하였다.
> ㄴ. 영토를 확장하고 순수비를 세웠다.
> ㄷ. 율령을 반포하였다.
> ㄹ. 우산국을 정벌하였다.

① ㄱ, ㄴ   ② ㄱ, ㄷ
③ ㄴ, ㄷ   ④ ㄴ, ㄹ

03

다음 고려 시대 건축 문화에 대한 설명으로 옳지 않은 것은?

① 청주 흥덕사 - 상정고금예문이 간행되었다.
② 예산 수덕사 - 백제 사찰 양식을 계승하였다.
③ 개성 경천사 - 원의 석탑을 본뜬 10층 석탑이 세워졌다.
④ 안동 봉정사 - 가장 오래된 주심포 양식의 건물이 남아있다.

04

9세기 신라 장보고의 활동에 해당하지 않는 것은?

① 청해진을 설치하여 해상권을 장악하였다.
② 장보고의 도움을 받아 신무왕이 즉위하였다.
③ 일본에 회역사를 파견하여 황제국임을 표방하였다.
④ 산둥반도에 법화원을 세웠다.

05

고려의 대외 무역에 대한 설명으로 옳은 것은?

① 고려의 북진 정책으로 인해 여진과의 교류는 없었다.
② 송과의 교류가 활발해지면서 목화가 수입되었다.
③ 일본은 11세기 후반부터 주로 모피를 가지고 와 식량, 인삼, 서적 등과 바꾸어갔다.
④ 대식국인이라 불리던 아라비아 상인은 주로 벽란도를 거쳐 고려와 교역하였다.

FINAL 작두 모의고사 문제 for. 지방직 대비

06

다음 시기에 있었던 사실로 가장 옳은 것은?

> 복원관(복원궁)은 왕부 북쪽 태화문 안에 있는데 정화(政和) 연간에 세워진 것이다. 앞방은 '부석지문'이라 하였고 다음 방은 '복원지관'이라 하였다. 들은 바에 따르면 전내(殿內)에 삼청상을 그렸는데 혼원황제의 수염과 머리털이 다 감색이어서 우연히 성조께서 진성의 모습을 그리신 뜻과 합치하니 또한 가상하다. 예전에는 나라 사람들이 허정의 가르침을 듣지 못했는데, 이제는 사람마다 다 귀의하여 믿는다고 한다.
> — 『선화봉사고려도경』 —

① 신돈을 등용하여 전민변정도감을 설치하였다.
② 최승로가 시무 28조의 개혁안을 제시하였다.
③ 지방관이 없는 속군에 감무를 파견하였다.
④ 교장도감을 설치하여 『신편제종교장총록』을 만들었다.

07

고려 시대의 사회 모습에 대한 설명으로 옳지 않은 것은?

① 남귀여가혼이 축소되고 친영제로 전환되었다.
② 여성도 호주가 가능하였으며, 재가를 허용하였다.
③ 실형주의 원칙으로 태·장·도·유·사형의 형벌 체제였다.
④ 전기에는 신앙조직이었던 향도가 후기에는 마을 공동체 조직으로 변화하였다.

08

다음은 어떤 왕의 즉위교서이다. 이 왕의 정책과 활동으로 옳은 것은?

> 지금부터 만약에 종친으로서 동성과 혼인하는 자는 (원의 세조) 성지(聖旨)를 어긴 것으로 논죄할 터인즉, 마땅히 (종친은) 누대의 재상을 지낸 집안의 딸을 아내로 맞고, 재상 집안의 아들은 종실들의 딸들에게 장가들 것이다. … (중략) … 재상지종(宰相之宗)이니 가히 대대로 혼인을 하여 아들은 종실의 여자에게 장가들고 딸은 왕비로 삼을만 하다.
> — 『고려사』 —

① 안향의 건의로 섬학전을 설치하였다.
② 사림원을 설치하여 개혁을 시도하였다.
③ 쌍성총관부를 수복하여 영토를 확장하였다.
④ 고려에 내정 간섭을 하던 정동행성이문소를 혁파하였다.

09

다음 ㉠ 인물과 관련된 설명으로 가장 옳은 것은?

> 신이 삼가 들으니 (㉠)이 경연에서 이미 세상을 떠난 이이를 공격하고, (중략) 다른 사람이라면 그럴 수 있어도 그만은 그럴 수가 없습니다. 그는 본래 이이의 문하생입니다. (중략) 전에도 같은 (㉠)이고 지금도 같은 (㉠)인데 어떻게 오늘에 와서 직접 이이를 매도하면서 부끄러운 줄을 모를 수 있는가. 사우(師友)간의 정의가 살아있을 때와 죽었을 때가 서로 다르고 언론과 풍지(風旨)가 형편에 따라 향배를 달리 하면서 「나는 글을 읽은 군자이다.」 한다면 어느 사람이 믿겠는가.' 하였습니다.
> — 『조선왕조실록』 —

① 위훈삭제를 감행하여 훈구파의 반발을 샀다.
② 최초의 한글 소설인 『홍길동전』을 저술하였다.
③ 모반을 일으켜 기축옥사가 발생하였다.
④ 훈련도감과 속오군 설치를 건의하였다.

10

밑줄 친 '왕'의 재위 기간에 있었던 사실로 옳지 않은 것은?

> 의정부의 여러 사무를 나누어 6조에 귀속시켰다. 처음에 하륜이 알현하기를 청하여 아뢰었다. "마땅히 정부를 개혁하여 6조로 하여금 사무를 아뢰게 하여야 합니다." 왕이 예조판서 설미수를 불러서 …(중략)… "경 등이 참고하여 정하여 아뢰도록 하여라."고 하였다.
> — 『조선왕조실록』 -

① 『동국병감』을 편찬하였다.
② 저화를 발행하였다.
③ 호패법을 실시하였다.
④ 사병을 혁파하였다.

11

다음에 서술된 군역 및 군사제도의 양상을 시기순으로 바르게 나열한 것은?

> ㄱ. 유사시에만 동원되는 잡색군을 설치하였다.
> ㄴ. 지방 군사 요충지에 진관을 설치하였다.
> ㄷ. 군포를 양반에게도 징수하는 호포제를 실시하였다.
> ㄹ. 상층 양인들을 선무군관으로 처음 편성하여 수포하였다.

① ㄱ→ㄴ→ㄷ→ㄹ
② ㄱ→ㄴ→ㄹ→ㄷ
③ ㄴ→ㄱ→ㄷ→ㄹ
④ ㄴ→ㄱ→ㄹ→ㄷ

12

조선의 건축 문화에 대한 설명으로 옳은 것을 < 보기 > 에서 모두 고른 것은?

> **<보기>**
> ㄱ. 15세기에 국가 주도로 성문, 궁궐, 성곽 등을 건축하였다.
> ㄴ. 16세기에 양반 지주층의 지원으로 강한 장식성을 가진 사원이 건축되었다.
> ㄷ. 17세기에 부농의 지원으로 거대 규모의 사원이 건축되었다.
> ㄹ. 18세기 왕권 강화를 위해 수원에 화성이 건축되었다.

① ㄱ, ㄹ
② ㄴ, ㄹ
③ ㄷ, ㄹ
④ ㄱ, ㄷ

13

다음과 같이 주장한 실학자가 저술한 저서에 대한 설명으로 옳지 않은 것은?

> 여(閭)에는 여장(閭長)을 두고, 1여의 농토는 여에 사는 사람들이 다함께 농사를 짓게 하되, 내 땅 네 땅의 구별이 없이, 오직 여장의 명령만을 따르도록 한다. 일할 때마다 여장은 그 일수를 장부에 기록하여 둔다. 추수 때에는 곡물을 모두 여장의 집에 운반하여 그 양곡을 나눈다. 이때 먼저 나라에 바치는 세금을 제하고, 그다음은 여장의 녹(봉급)을 제하고, 그 나머지를 가지고 장부에 의거하여 일한 양에 따라 여민에게 분배한다.

① 『목민심서』 - 지방관의 도리를 담았다.
② 『마과회통』 - 종두법을 소개하였다.
③ 『흠흠신서』 - 사법 제도 운영에 관해 저술하였다.
④ 『경세유표』 - 화폐 유통의 필요성을 강조하였다.

14

(가) 시기에 있었던 사실로 옳지 않은 것은?

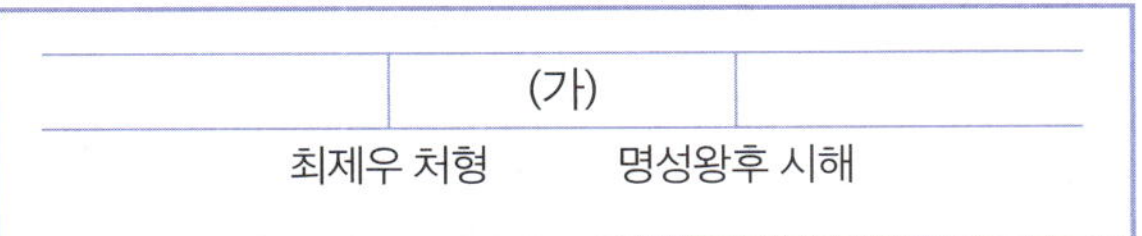

	(가)	
최제우 처형		명성왕후 시해

① 일본이 요동 반도를 청에게 되돌려 주었다.
② 오페르트가 남연군 묘 도굴을 시도하였다.
③ 활빈당이 대한사민논설 13조를 발표하였다.
④ 교조 신원을 요구하는 삼례 집회가 개최되었다.

15

(가)와 (나) 시기 사이에 있었던 역사적 사건으로 옳은 것은?

> (가) 토요일 오후 서울에서 수천 명의 한인들이 집회를 열고 시위를 벌였다. 시위자들은 독립 선언서를 배포하였고 길 옆 행인들을 향해 연설했다. 지방 각 도·군의 백성들도 오늘 서울로 올라와 전 황제의 국장을 지켜보았다.
>
> (나) 김지섭은 1월 5일 도쿄에 도착하여 지형을 정찰하고, 오후 7시 거사를 결행코자 황성 정문에 접근하여 폭탄을 투척하고 궁성 쪽으로 달려가 폭탄 두 개를 니주바시 한복판에 던졌으나 불발되고 체포되었다.

① 국민대표회의가 진행되었다.
② 통감이 추천한 일본인을 대한제국의 관리로 임명하도록 하였다.
③ 6.10 만세사건이 발생하였다.
④ 조선혁명간부학교가 설립되었다.

16

다음 상소가 올려진 이후 사실로 가장 옳은 것은?

> 일본이 러시아에 선전 포고한 이후 우리의 독립과 영토를 보전한다고 몇 번이나 말하였지만, 그것은 우리나라의 이익을 빼앗아 차지하려는 것이었습니다. …… 지금 저들이 황실을 보전하겠다는 말을 폐하께서는 과연 믿으십니까? 지금까지 군주의 지위가 아직 바뀌지 않았고 백성도 아직 죽지 않았으며 각국 공사도 아직 돌아가지 않았습니다. 그리고 조약서가 다행히 폐하의 인준과 참정의 인가를 받은 것이 아니니, 저들이 가지고 있는 것은 역적들이 억지로 만든 헛된 조약에 불과합니다.

① 통감부가 설치되었다.
② 고종이 국외 중립을 선언하였다.
③ 일본이 경인선 부설권을 인수하였다.
④ 러시아가 용암포를 점령하고 조차를 요구하였다.

17

밑줄 친 지역에서 전개된 민족운동으로 옳은 것은?

> 이 건물은 1926년 준공된 건물로, 한국전쟁기 임시수도 시절에는 대통령관저로 사용되었다. 1983년 이 도시에서 이 건물을 매입하였고, 1984년 한국전쟁기의 각종 사진 자료 등을 전시하는 임시수도기념관으로 개관하였다.

① 물산장려운동이 시작되었다.
② 조선형평사가 창립되었다.
③ 강우규는 사이토 조선총독에게 폭탄을 투척하였다.
④ 박재혁이 경찰서에서 폭탄을 투척하는 의거를 일으켰다.

18

(가), (나) 사이의 시기에 있었던 사실로 옳은 것은?

> (가) 수신사 김기수가 나와 엎드리니 왕이 말하였다. "전선, 화륜과 농기계에 관하여 들은 것은 없는가? 저 나라에서 이 세 가지 일을 제일 급하게 힘쓰고 있다고 하는데, 그러하던가?" 김기수가 "과연 그러하였습니다."라고 아뢰었다.
>
> (나) 어윤중이 동래부 암행어사로 임명되어 왕에게서 받은 봉해진 서신을 열어보니, "일본 조정의 논의와 정국의 형세, 풍속·인물·교빙·통상 등의 대략을 염탐하는 것이 좋겠다. 너는 일본으로 건너가 크고 작은 일들을 보고 듣되 낱낱이 탐지해서 별도의 문서로 조용히 보고하라." 라는 내용이었다.

① 조선책략이 소개되어 개화정책에 영향을 주었다.
② 미국과의 조약 체결로 보빙사가 파견되었다.
③ 운요호가 강화도와 영종도를 무단 침입하였다.
④ 교원 양성을 위해 한성 사범 학교가 설립되었다.

19

다음 ㉠인물의 활동으로 옳은 것은?

> 본명은 이원록으로 1907년 경상북도 안동에서 태어났다. 1927년 조선은행 대구 지점 폭파 사건에 연루되어 옥고를 치른 그는 1932년 중국으로 건너가 (㉠)이 세운 조선 혁명 군사 정치 간부 학교 제1기생으로 입교하여 독립운동에 힘썼다.

① 종로 경찰서에 폭탄을 투척하였다.
② 민족 혁명당 창당을 주도하였다.
③ 친일파 이완용을 습격하여 중상을 입혔다.
④ 조선 독립동맹의 주석으로 활약하였다.

20

(가) 정부 시기에 있었던 사실로 옳은 것은?

> 조선 총독부의 청사는 1926년도에 완공되어 광복 이후에 정부 종합 청사, 국립 중앙 박물관 등으로 사용되다가, (가) 정부 시기에 일제 식민 잔재의 청산을 위해 완전히 철거되었다.

① 경제 협력 개발 기구(OECD)에 가입하였다.
② 최초의 여야정권 교체를 이루었다.
③ 양성평등의 실현을 위해 호주제가 폐지되었다.
④ 5년 단임의 대통령 직선제 개헌안이 통과되었다.

8회

01

(가)가 등장한 시대의 모습으로 옳지 않은 것은?

우리나라에는 세계에서 가장 많은 (가)가/이 분포하고 있다. 많은 노동력을 동원해야 만들 수 있는 (가)는/은 지배층의 무덤으로 알려졌다. 유네스코는 2000년 우리나라의 (가) 유적지를 세계유산으로 지정하였다.

① 반달돌칼을 이용하여 추수하였다.
② 빈부격차와 사회분화 현상이 나타났다.
③ 점차 지상식 가옥으로 변화하였다.
④ 밭농사 위주로 아직 벼농사는 이루어지지 않았다.

02

다음 정책이 시행한 이후에 일어난 사실로 옳은 것은?

- 율령을 반포하였다.
- 태학을 설립하였다.

① 고흥이 『서기』를 편찬하였다.
② 6좌평과 16관등제가 마련되었다.
③ 평양성에서 전사하고 황해도 일대를 빼앗겼다.
④ 남진 정책을 펼쳐 한강 이북을 차지하였다.

03

다음 사건들이 일어난 시기 순서로 보아 (다)에 들어갈 내용으로 옳지 않은 것은?

(가) 고구려가 국내성에서 평양으로 천도하였다.
(나) 신라가 처음으로 연호를 사용하였다.
(다) ________________
(라) 백제가 대야성을 공략하였다.

① 백제가 사비성으로 천도하였다.
② 황룡사를 건립하였다.
③ 대가야가 멸망하였다.
④ 나·당동맹이 결성되었다.

04

고구려 광개토대왕의 업적으로 옳은 것은?

① 호우명 그릇을 제작하였다.
② 군대를 보내 신라에 침입한 왜를 물리쳤다.
③ 한강유역 전체를 차지하였다.
④ 말갈 대부분을 복속하였다.

05

㉠에 대한 설명으로 옳은 것은?

임인년(1542)에 주세붕 공이 풍기 군수가 되어 묘우(廟宇)를 창건하였다. 다음 해 8월에 문성공 안유의 영정을 봉안하고, 갑진년(1544)에 문정공 안축과 문경공 안보를 배향하였다. 건물과 제도는 주자가 백록동에 세운 선례를 따랐다. 우리나라의 (㉠)이/가 처음 시작되었다.

① 서울에는 서학, 동학, 남학, 중학이 설치되었다.
② 학파와 붕당을 결속시키는 구심점이 되었다.
③ 전국의 부·목·군·현에 설립되었고, 군현의 규모에 따라 정원을 정하였다.
④ 학업 중 군역이 면제되었으나, 성적 미달로 자격이 박탈되면 군역을 지도록 하였다.

06

고려 시대 성리학의 수용에 대한 설명으로 옳지 않은 것은?

① 성리학적 유교 사관이 반영된 『사략』이 저술되었다.

② 이색은 정몽주, 권근, 정도전 등을 가르쳐 성리학을 더욱 확산시켰다.

③ 공민왕 때 안향이 처음 성리학을 소개하여, 유교 교육을 강화하였다.

④ 이제현은 만권당에서 원의 학자들과 교류하면서 성리학에 대한 이해를 심화하였다.

07

다음의 밑줄 친 ⑤과 관련된 설명으로 가장 옳은 것은?

> 원의 간섭을 받으면서 그에 의존한 고려의 왕권은 이전 시기에 비하여 상대적으로 안정되었고 ⑤ 중앙 지배층도 개편되었다. …… 그들은 왕의 측근 세력과 함께 권력을 잡아 농장을 확대하고 양민을 억압하여 노비로 삼는 등 사회 모순을 격화시켰다.

① 음서와 공음전으로 세력 기반을 유지하였다.

② 친원적 성향으로 도당을 장악하였다.

③ 근거지에 성을 쌓고 군대를 보유하며 스스로 성주라 하였다.

④ 과거시험을 통해 등용되었다.

08

(가)와 (나)의 인물에 대한 설명으로 옳은 것은?

> (가) 이(理)를 강조하였으며 『주자서절요』 등을 저술하였다.
> (나) 기(氣)를 강조하였으며 도학의 입문서인 『격몽요결』을 저술하였다.

① (가)는 10만 양병설, 수미법 등 사회개혁론을 제시하였다.

② (가)는 왕에게 주청하여 소수서원이라는 편액을 하사받았다.

③ (나)는 학문의 실천성을 강조하였고, 서리망국론을 주장하였다.

④ (나)는 향촌 사회의 도덕적 질서를 안정시키기 위해 예안향약을 만들었다.

09

다음 고려·조선시대 토지 제도의 폐단을 시정하기 위해 실시한 내용으로 옳지 않은 것은?

> (가) 권문세족의 대토지 소유와 토지 겸병으로 국가 재정이 부족해졌다.
> (나) 수신전, 휼양전, 공신전 세습과 증가로 신진 관료에게 지급할 수조지가 부족해졌다.
> (다) 수조권을 받은 관료가 권한을 남용하여 과다 수취하는 일이 빈번하게 발생하였다.
> (라) 거듭되는 흉년과 왜구의 침입 등으로 국가 재정이 악화되어 직전이 유명무실해졌다.

① (가) - 권문세족이 겸병한 토지를 몰수하고, 전국 토지의 수조권을 관료에게 지급하였다.

② (나) - 현직 관리에게만 수조권을 지급하도록 하였다.

③ (다) - 관료의 직접적인 수조권 행사를 금지하고 관청에서 수조권 행사를 대행하였다.

④ (라) - 직전법을 폐지하고 녹봉제를 전면 실시하였다.

FINAL 작두 모의고사 둔제 *for.* 지방직 대비

10

다음에서 서술하는 인물 ㉠에 대한 설명으로 옳지 않은 것은?

> 이 책은 (㉠)이/가 1443년의 계해약조 이후 조금씩 이완되는 일본에 대한 통제를 다시 강화하기 위하여 성종 때에 편찬하였다. 일본과 유구국(琉球國)의 지리·국정·풍속 외에도 교빙(交聘)의 연혁이나 통상에 관한 규정을 모아, 조선 초기의 일본에 대한 인식을 정리한 것이다.

① 집현전 출신 학자로, 해동제국기라는 책을 편찬하였다.
② 훈민정음 창제에 큰 공을 세웠다.
③ 계유정난에 참여하였다.
④ 조선경국전 편찬에 참여하였다.

11

조선 후기 상공업 발전에 대한 설명으로 옳지 않은 것은?

① 동래의 내상은 일본과의 사무역을 통해 거상으로 성장하기도 하였다.
② 경강상인은 중강후시나 책문후시를 통해 청과의 사무역에 종사하였다.
③ 송상은 개성을 근거지로 하여 전국에 송방이라는 지점을 설치하였다.
④ 보부상은 농촌 장시를 하나의 유통망으로 연결하는 역할을 하였다.

12

다음 (가) 인물에 대한 설명으로 옳지 않은 것은?

> 성리학을 상대화하고 6경과 제자백가 등에서 모순 해결의 사상적 기반을 찾으려는 경향이 17세기 후반부터 나타났다. 그 대표적인 인물은 (가)이다. 그는 주자의 학문해석과 다른 모습을 보였기 때문에 당시 서인의 공격을 받아 사문난적으로 몰렸다.

① 숙종 초에 북벌을 주장하였다.
② 주자학의 절대성을 부정하여 송시열의 비판을 받았다.
③ 갑인예송에서 1년복을 주장하였다.
④ 양명학을 체계적으로 연구하여 학파로 발전시켰다.

13

조선후기 서학과 관련한 설명으로 옳지 않은 것은?

① 신유사옥으로 정약용, 정약전이 유배되었다.
② 오가작통법을 악용하여 천주교 신자를 탄압하였다.
③ 안정복이 천주교를 비판하는 『천학문답』을 저술하였다.
④ 최초의 한국인 신부 이승훈이 귀국하여 포교 중 순교하였다.

14

다음 자료에 해당되는 정부에 대한 설명으로 옳은 것은?

> 제 1조 원수부는 국방과 용병과 군사에 관한 각 항의 명령을 관장하여 특별히 세운 권한을 가지고 군부와 경외의 각 부대를 지휘 감독한다.
> 제 2조 모든 명령은 대원수 폐하가 원수 전하를 경유하여 하달한다.
> 제 3조 원수부는 황궁 내에 설치한다.

① 5군영에서 2영으로 군제를 개편하였다.
② 도시개조사업의 일환으로 탑동 등지에 공원을 조성하였다.
③ 박문국을 설치하여 한성순보를 발행하였다.
④ 개혁의 방향을 제시한 홍범 14조를 반포하였다.

15

밑줄 친 '그'에 대한 설명으로 옳은 것은?

> <u>그</u>가 상소를 올려 대원군의 잘못을 탄핵하기를, "만약 그 지위가 아닌데도 국정에 관여하는 자는 단지 그 지위와 녹을 중요하게 여기기 때문입니다."라고 하였다. 왕은 너그러운 비답을 내려 특별히 그를 호조 참판에 발탁하고 총애하였다.

① 동학을 천도교로 개편하였다.
② 13도 창의군을 이끌고 서울진공작전을 전개하였다.
③ 대마도에 끌려가 순국하였다.
④ 을사조약이 체결되자 유서를 남기고 자결하였다.

16

< 보기 > 의 사건을 시간 순으로 바르게 나열한 것은?

> **<보기>**
> ㄱ. 민족자존과 통일 번영을 위한 7.7 선언 발표
> ㄴ. 남북 이산가족 상봉 행사 첫 개최
> ㄷ. 남북 교류 협력을 위한 개성 공단 조성에 합의

① ㄱ-ㄴ-ㄷ
② ㄴ-ㄱ-ㄷ
③ ㄷ-ㄱ-ㄴ
④ ㄴ-ㄷ-ㄱ

17

다음 자료가 발표된 시기와 가장 가까운 사실로 옳은 것은?

> "우리는 삼천만 한국인민과 정부를 대표하여 삼가 중국, 영국, 미국, 소련, 캐나다, 호주 및 기타 제국의 대일 선전이 일본을 물리치고 동아시아를 재건하는 가장 유효한 수단이 됨을 축하한다."

① 한국 독립군이 쌍성보 전투에서 승리하였다.
② 중국 군벌과 일제 사이에 미쓰야 협정이 체결되었다.
③ 주석·부주석제를 신설하여 강력한 지도체제를 구축하였다.
④ 일제가 조선 사상범 예방 구금령으로 독립운동을 탄압하였다.

18

(가) 단체에 대한 설명으로 옳지 않은 것은?

> (가)의 목적은 한국의 부패한 사상과 습관을 혁신하여 국민을 유신케 하며, 쇠퇴한 발육과 산업을 개량하여 사업을 유신케하며, 유신한 국민이 통일 연합하여 유신한 자유 문명국을 성립케 한다고 말하는 것이다. (중략)

① 최초로 공화정을 주장하였다.
② 고종의 밀지를 받아 조직되었다.
③ 만주에 독립군 기지를 마련하였다.
④ 105인 사건 때문에 해산하였다.

19

독립운동가 김규식에 대한 설명으로 옳은 것은?

① 분단을 막기 위해 남북 협상에 참석하였다.
② 정읍에서 남한만의 단독 정부 수립을 주장하였다.
③ 삼균주의를 바탕으로 한 건국 강령을 작성하였다.
④ 망명정부인 대한 광복군 정부를 세웠다.

20

(가) 군대에 대한 설명으로 옳은 것은?

> (가) 은/는 중화민국 국민과 합작하여 우리 두 나라가 독립을 회복하고자 공동의 적인 일본제국주의자를 타도하기 위하여 연합군의 일원으로 항전을 계속한다.

① 자유시 참변으로 큰 타격을 입었다.
② 봉오동 전투에서 일본군을 격퇴하였다.
③ 국민당의 지원을 받은 최초의 한인 군사 조직이다.
④ 미군과 연계하여 국내 진공 작전을 계획하였다.

9회

01

밑줄 친 '이 나라'에 대한 설명으로 옳은 것은?

> 이 나라는 중국의 선진 문물을 수용하면서 한때 연과 대립할 정도로 강성해졌다. 중국에서 진·한이 교체되는 혼란의 시기에 많은 유이민이 이주해 왔으며, 이 나라에서는 위만이 준왕을 몰아내고 왕위에 올랐다. 이후 이 나라는 철기 문화를 본격적으로 수용하여 주변 지역을 정복하고, 한과 한반도 남부의 진국 사이에서 중계 무역을 하며 성장하였다.

① 고구려의 침략으로 멸망하였다.
② 8조법으로 사회 질서를 유지하였다.
③ 서옥제라는 혼인 풍습이 있었다.
④ 천군이라는 제사장이 소도에서 제사 의식을 주관하였다.

02

다음 정책을 시행한 국왕의 재위 기간에 있었던 사실로 옳은 것은?

> • 태학을 설립하였다.
> • 율령을 반포하였다.

① 불교를 수용하였다.
② 웅진에서 사비로 천도하였다.
③ 국내성에서 평양으로 도읍을 옮겼다.
④ 나당 연합군과 전쟁을 하였다.

03

다음 자료와 관련된 인물에 대한 설명으로 옳은 것은?

> • 5년, 완산주를 다시 설치하고 용원을 총관으로 삼았다. …… 서원소경을 설치하고 아찬 원태를 사신(仕臣)으로 삼았다. 남원소경을 설치하고 여러 주와 군의 주민들을 옮겨 그곳에 나누어 살게 하였다.
> • 7년, 문무 관료전을 지급하되 차등을 두었다.
> • 9년, 내외관의 녹읍을 혁파하고 매년 조(租)를 내리되 차등이 있게 하여 이를 일정한 법식으로 삼았다.
>
> - 『삼국사기』 -

① 군국기무처를 설치하였다.
② 전국을 8도로 나누었다.
③ 9주 5소경 체제를 정비하였다.
④ 22담로를 설치하였다.

04

밑줄 친 '왕'이 재위하던 시기의 사실로 옳은 것은?

> 후주 사람인 쌍기는 사신 설문우를 따라 고려에 왔다가 병이 들어 돌아가지 못하고 남았다. 왕이 그의 재능을 아껴 후주에 알린 다음 관료로 발탁하였으며, 얼마 뒤 원보 한림학사로 승진시켰다. 쌍기는 왕에게 건의하여 과거제를 신설하게 하고, 과거 시험을 담당하였다.

① 수선사 결사가 조직되었다.
② 국자감에 7재를 두었다.
③ 개경을 고쳐 황도라 하였다.
④ 일본 원정을 위해 정동행성이 설치되었다.

05

다음과 같은 이유로 시작된 봉기는?

> 짐이 진실로 현명하지 못하여 서경으로 도읍을 옮기자는 말에 현혹되었다. 마침내 서경에 새 궁궐인 대화궁을 창건하여 나라의 중흥을 기대하였다. 이에 여러 차례 서경에 행차하였으나 재앙과 이변이 점점 많아지고 사람들의 비방만 초래할 뿐이었다. 짐이 바야흐로 앞서 현혹된 자의 말을 따랐던 것을 경계하자 그의 무리가 원망을 품더니 난을 일으켰다.

① 만적의 난
② 묘청의 난
③ 망이·망소이의 난
④ 김헌창의 난

06

(가)와의 전쟁 중에 있었던 일로 옳은 것은?

> (가) 장수 살리타가 와서 처인성을 공격하니 김윤후가 그를 사살하였다. …… (가) 군대가 쳐들어와 충주성을 포위하기를 70여 일간 하니 군량을 저축한 것이 거의 바닥났다. 김윤후가 괴로워하는 군사들을 북돋우며 말하기를 "만약 힘을 내어 싸울 수 있다면, 귀천을 가리지 않고 모두 관작을 제수하려 하니 너희는 불신함이 없도록 하라."라고 하고는 드디어 관노 문서를 불사르고 빼앗은 소와 말을 그들에게 나누어 주었다.
>
> - 『고려사』 -

① 사병 집단인 도방이 조직되었다.
② 한양을 남경으로 승격하였다.
③ 초조대장경이 소실되었다.
④ 전민변정도감이 설치되었다.

07

밑줄 친 '왕'에 대한 설명으로 옳지 않은 것은?

> 몽골 군사가 와서 침범하자, 용진현 사람 조휘와 정주 사람 탁청이 배반하여 병마사 신집평을 죽임으로써 …… 몽골에서 쌍성총관부를 화주에 설치하여 조휘를 총관으로 삼고 탁청을 천호로 임명하였다. 이후 왕이 추밀원부사 유인우와 우리 환조를 보내어 쌍성총관부를 공격하고, 화주·등주·정주·장주 등 여러 진을 수복하였다.   - 『연려실기술』 -

① 기철 등 친원 세력을 제거하였다.
② 성균관을 개편하여 신진 세력을 양성하였다.
③ 정동행성 이문소를 폐지하였다.
④ 과전법을 실시하였다.

08

조선 성종 시기의 사실로 옳은 것은?

① 집현전을 설치하였다.
② 갑인자를 주조하였다.
③ 『동국통감』을 간행하였다.
④ 경연을 폐지하였다.

09

(가) ~ (라)를 시기가 이른 것부터 바르게 나열한 것은?

> (가) 한산도 대첩
> (나) 행주 대첩
> (다) 조명 연합군 평양탈환
> (라) 명량 대첩

① (가) → (나) → (다) → (라)
② (가) → (다) → (나) → (라)
③ (나) → (라) → (다) → (가)
④ (나) → (다) → (라) → (가)

10

(가) 지역에서 있었던 사실로 옳은 것은?

> 명종 6년(1176)에 고을의 명학소 사람 망이가 무리를 불러 모아서 (가)을/를 공격하여 함락하자, 조정에서 그 소를 충순현으로 승격하고, 현령과 현위를 두어 달래었다.   - 『고려사』 -

① 조만식의 주도로 물산 장려 운동이 시작되었다.
② 백정들에 대한 차별 철폐를 위한 조선형평사가 창립되었다.
③ 일본의 침략에 맞서 싸우던 유성룡이 평양을 탈환하였다.
④ 동학 농민군이 우금치 전투에서 일본군과 관군에 패배하였다.

11

조선후기 사회상에 대한 설명으로 옳지 않은 것은?

① 중인이 시사를 조직하였다.
② 선대제 수공업이 성행하였다.
③ 조선 형평사가 결성되었다.
④ 신향과 구향의 향전이 발생하였다.

12

지방 제도에 대한 설명으로 옳지 않은 것은?

① 백제는 지방에 22담로를 설치하였다.
② 신라는 지방 행정 구역을 5경 15부 62주로 나누었다.
③ 고려는 수령이 파견되지 않은 속현이 주현보다 많았다.
④ 조선은 전국을 8도로 나누고 관찰사를 파견하였다.

13

흥선대원군 집권 시기에 있었던 사실로 옳지 않은 것은?

① 삼군부의 권한을 강화하였다.
② 의정부의 기능을 회복시켰다.
③ 식산흥업 정책을 전개하였다.
④ 『대전회통』을 편찬하였다.

14

다음 자료와 관련된 운동에 대한 설명으로 옳은 것은?

> 부인 동포에게 고하노라. 우리가 함께 여자 몸으로 규문 안에 있어 삼종지의에 간섭할 일 오랫동안 없었으나, 나라 위하는 마음과 백성된 도리에 어찌 남녀가 다르리오. 듣자 하니 국채를 갚으려고 이천만 동포가 석 달 간 담배를 아니 피우고 금전을 모은다 하니, 족히 사람으로 감동케 할 일이오. …… 그러나 부인은 논하지 말라니 여자는 백성이 아니란 말인가. …… 하지만 큰 산이 흙덩이를 사양치 아니하고 큰 바다가 가는 물을 가리지 아니하기로, 적음으로 큰 것을 도우리오.

① 평양에서 시작되었으며 토산품 애용, 근검저축 등을 강조하였다.
② 부인강좌를 통해 남녀평등의식을 깨우치게 하였다.
③ 김광제 등이 국민 성금으로 국채를 갚아 국권을 회복하고자 하였다.
④ 외국 상인 철수를 요구하는 시위와 철시 운동을 전개하였다.

15

이른바 '문화 통치'에 대한 설명으로 옳은 것은?

① 한국인에게만 태형을 적용하는 조선 태형령이 제정되었다.
② 농촌 진흥 운동을 전개하여 농촌 통제를 꾀하였다.
③ 조선 총독에게 회사 설립 허가권 및 해산권을 부여하였다.
④ 헌병 경찰제를 폐지하고 보통 경찰제를 시행하였다.

16

다음 자료와 관련된 단체에 대한 설명으로 옳은 것은?

> 비천하고 가난하고 열악하고 약하여 굴종하는 사람은 누구인가? 아아 우리의 백정이 아닌가? 그런데 이러한 비극에 대한 이 사회의 태도는 어떠한가? 소위 지식계급에서는 압박과 멸시만 하였다. 이 사회에서 우리 백정의 연혁을 아는가? 결단코 천대받을 우리가 아니다. 직업의 구별이 있다고 하면 짐승의 생명을 빼앗는 사람은 우리 백정뿐만이 아니다. 본사는 시대의 요구보다도 사회의 실정에 따라 창립되었을 뿐 아니라 우리도 조선 민족의 일원이다.

① 경남 진주에서 설립하였다.
② 방정환이 결성을 주도하였다.
③ 순회 강연회를 전개하였다.
④ 서상돈이 활동을 주도한 단체였다.

17

(가) 단체에 대한 설명으로 옳은 것은?

> 3·1 운동 이후 만주 지역에서
> 조직된 (가)의 독립운동가
>
> • 김원봉 : 단체 결성을 주도함.
> • 최수봉 : 밀양 경찰서에 폭탄을 투척함.
> • 김익상 : 조선 총독부에 폭탄을 투척함.
> • 나석주 : 동양 척식 주식회사에 폭탄을 투척함.

① 집강소를 통해 폐정 개혁을 추진하였다.
② 조선 혁명 선언을 지침으로 삼아 활동하였다.
③ 고종 강제 퇴위 반대 운동을 전개하였다.
④ 105인 사건으로 해체되었다.

18

다음 자료가 발표된 배경으로 옳은 것은?

> 우리들 재중국 조선 혁명당원들은 이 정의의 전쟁에 참여하고 이 전쟁 중에 조국의 독립을 쟁취해야 할 것이다. 우리들은 우리 「조선 민족 전선 연맹」의 기치 아래 일치단결하고, …… 조선 의용대를 조직한 것이다. …… 우리는 조선 의용대의 깃발을 내걸고 필승의 신념으로 정의의 항일전에 참가하여 이 신성한 임무를 관철하지 않으면 안 된다.

① 좌우 합작 7원칙이 발표되었다.
② 지청천의 지휘하에 쌍성보에서 전투를 벌였다.
③ 중일 전쟁 이후 중국 국민당 정부의 지원을 받았다.
④ 제1차 미·소 공동위원회가 무기한 휴회되었다.

19

시기별 정부의 경제 정책으로 옳은 것은?

① 1960년대 – 원조 물자를 이용한 삼백 산업을 육성하였다.
② 1970년대 – 제3차 경제 개발 5개년 계획을 실시하였다.
③ 1980년대 – 경부 고속 국도(도로)를 개통하였다.
④ 1990년대 - 각 나라와 자유 무역 협정(FTA)을 체결하였다.

20

(가) 시기에 있었던 사실로 옳은 것은?

	(가)	
유신 헌법 제정	5·18 민주화 운동	

① 4·19 혁명
② 3·1 민주 구국 선언
③ 남북한 유엔 동시 가입
④ 6·15 남북 공동 성명 발표

10회

01

다음 내용의 시대에 대한 설명으로 옳은 것은?

> • 주먹도끼로 짐승을 사냥
> • 동굴이나 바위 그늘 등에서 생활

① 정교한 간돌검을 사용하였다.
② 목축이 시작되었다.
③ 빗살무늬토기를 제작하였다.
④ 이동 생활을 하였다.

02

다음 풍습을 가진 나라에 대한 설명으로 옳은 것은?

> 음력 10월에 하늘에 제사하고 나라 사람들이 크게 모여서 연일 마시고 먹고 노래하고 춤추는데, 이를 무천이라 하였다.

① 왕 아래에 상가, 고추가가 있었다.
② 천군과 소도가 존재하였다.
③ 단궁, 과하마가 유명하였다.
④ 함경도 해안 지역에서 성장하였다.

03

밑줄 친 '백제역사유적지구' 유적지에 해당하지 않는 것은?

> 2015년 유네스코 세계유산에 등재된 백제역사유적지구는 8개 고고학 유적지로 이루어져 있다. 백제역사유적은 중국의 도시계획 원칙, 건축 기술, 예술, 종교를 수용하여 백제화(百濟化)한 증거를 보여주며, 이러한 발전을 통해 이룩한 세련된 백제의 문화를 일본 및 동아시아로 전파한 사실을 증언하고 있다.

① 부여군 정림사지
② 익산시 왕궁리 유적
③ 청주시 상당산성
④ 공주시 송산리 고분군

04

신라 법흥왕의 업적으로 옳은 것은?

① 한강 유역을 차지하였다.
② 국호를 '신라', 왕호를 '왕'으로 확정하였다.
③ 금관가야를 병합하였다.
④ 이사부로 하여금 우산국을 정벌하도록 하였다.

05

(가) 국가에 대한 설명으로 옳은 것은?

> (가)은/는 고구려의 옛 땅에 있다. …… 그 넓이가 2천 리이고 주현에는 숙소나 역은 없으나 곳곳에 촌락이 있는데 모두 말갈의 부락이다. 그 백성은 말갈이 많고 토인이 적은데, 모두 토인을 촌장으로 삼았다.
> ― 『유취국사』 ―

① 고구려의 수도였던 평양을 서경으로 삼았다.
② 9주 5소경의 지방 행정 구역을 두었다.
③ 집사부 중심의 통치 체제를 마련하였다.
④ 당의 제도를 본떠 3성 6부를 마련하였다.

06

밑줄 친 '왕'에 대한 설명으로 옳은 것은?

> 왕이 백성을 다스린다고 해서 집집마다 가거나 날마다 그들을 살펴보는 것은 아닙니다. …… 청컨대 외관을 두시옵소서. …… 우리나라에서는 봄에는 연등회, 겨울에는 팔관회를 여는데 널리 사람들을 징발하여 그 노역이 매우 번거로우니, 감축하여 백성들의 노고를 덜어주소서. …… 불교를 행하는 것은 몸을 닦는 근본이며 유교를 행하는 것은 나라를 다스리는 근원입니다. 몸을 닦는 것은 다음 생을 위한 밑천이며 나라를 다스리는 것은 곧 오늘날에 힘써야 할 일입니다.
>
> — 『고려사』 —

① 혼인 정책을 시행하고 훈요 10조를 제시하였다.
② 황제 칭호와 독자적 연호를 사용하였다.
③ 지방에 경학박사와 의학박사를 파견하였다.
④ 백관의 공복을 제정하여 관리의 위계질서를 확립하였다.

07

(가) ~ (다)에 대한 설명으로 옳지 않은 것은?

> (가) 개성 경천사지 10층 석탑
> (나) 경주 불국사 3층 석탑
> (다) 경주 분황사 모전 석탑

① (가) - 서울 원각사지 10층 석탑 제작에 영향을 주었다.
② (나) - 목탑의 양식을 간직한 석탑이다.
③ (다) - 돌을 벽돌 모양으로 다듬어 쌓았다.
④ (다), (나), (가)의 순서로 만들어졌다.

08

밑줄 친 '왕'이 실시한 정책으로 옳지 않은 것은?

> 왕이 옛 땅을 수복하려고 밀직부사 유인우를 동북면 병마사로 삼고, …… 이들을 격퇴하게 하였다. …… (쌍성의 사람들이) 잇따라 와서 항복하고 음식을 마련하여 관군을 맞으면서 말하기를, "고려왕이 진짜 우리 임금이시다."라고 하였다.

① 쌍성총관부를 공격하였다.
② 개경으로 환도하였다.
③ 친원 세력을 축출하였다.
④ 전민변정도감을 설치하였다.

09

밑줄 친 '왕'의 재위 기간에 있었던 일로 옳은 것은?

> 경연에서 조광조가 왕에게 아뢰기를, "재행(才行)이 있어 임용할 만한 사람을 천거하여, 대궐의 뜰에 모아 놓고 친히 대책(對策)하게 한다면 인물을 많이 얻을 수 있을 것입니다. 이는 … (중략) … 한나라 현량과의 뜻을 이은 것입니다. 덕행은 여러 사람이 천거하는 바이므로 반드시 헛되거나 그릇되는 것이 없을 것입니다."라고 하였다.

① 『조의제문』이 작성되었다.
② 기묘사화가 일어났다.
③ 『불씨잡변』이 저술되었다.
④ 을사사화가 일어났다.

10

다음 자료와 관련된 폐단을 개선한 왕에 대한 설명으로 옳은 것은?

> 조종조에 토질의 형편에 맞추어 공물을 거두었던 법이 …… 오랜 시간이 지나면서 폐단이 생겨났습니다. 중간에 사주인(방납하는 상인)이 교활한 짓을 하여 본색의 수납 때에 으레 불합격 판정을 내리고 자기가 가지고 있는 쌀이나 베를 대신 납부하는 것은 그 유래가 이미 오래된 것입니다. 이것은 조종이 법을 세운 본래의 뜻이 한번 변하여 사주인의 병폐가 된 것입니다.

① 만동묘가 건립되었다.
② 인목대비를 폐위시켰다.
③ 『대전통편』을 편찬하였다.
④ 청과 군신 관계를 수립하였다.

11

정조의 재위 기간에 있었던 일로 옳은 것은?

① 중앙 관서의 노비 6만여 명을 해방시켰다.
② 붕당의 근거지인 서원을 정리하였다.
③ 규장각을 설치하여 수만 권의 서적을 보관하였다.
④ 『속대전』, 『동국문헌비고』 등이 편찬되었다.

12

밑줄 친 '이 기구'를 폐지한 인물에 대한 설명으로 옳은 것은?

> 이 기구는 조선 중종 때 왜구와 여진의 침입에 대비하여 설치된 임시 기구이다. 임진왜란을 거치면서 기능이 강화되어 조선 후기에 국정 전반을 관장하게 되었다.

① 전세를 풍흉과 관계없이 토지 1결당 쌀 4~6두로 징수하였다.
② 신흥 상공업 세력과 광산 노동자 등을 규합하여 봉기하였다.
③ 삼정의 문란을 해결하기 위해 삼정이정청을 설치하였다.
④ 호포제를 실시하여 양반에게도 군포를 부과하였다.

13

(가)에 들어갈 사실은?

> 전봉준이 이끄는 농민군이
> 황룡촌에서 관군을 물리쳤다.
> ↓
> (가)
> ↓
> 공주 우금치에서 벌어진 전투에서
> 농민군이 관군과 일본군에 패하였다.

① 농민군을 이끌던 전봉준이 관군에 체포되어 처형되었다.
② 백산으로 이동하여 4대 강령과 격문을 발표하였다.
③ 폐정 개혁을 조건으로 하는 전주 화약이 체결되었다.
④ 일본 공사관에 경비병을 둔다는 내용의 제물포 조약이 체결되었다.

14

다음 자료와 관련된 설명으로 옳지 않은 것은?

> 귀족, 양반, 유생, 실업가, 교육가, 종교가 등 각기 계급 및 사정에 따라 각종의 친일적 단체를 조직하게 해서 이에 상당한 편의와 원조를 제공하여 충분히 활동하도록 한다. …… 조선 문제 해결의 핵심은 친일 인물을 많이 얻는 데 있다.
>
> — 『사이토 마코토 문서』 —

① 회사령을 폐지하였다.
② 산미 증식 계획을 실시하였다.
③ 조선 태형령을 제정하였다.
④ 일본 상품에 대한 관세를 폐지하였다.

15

다음 강령을 내세운 단체에 대한 설명으로 옳은 것은?

> • 1919년 독립운동은 실패하였지만, 정신적으로 우리 민족에게 준 교훈은 컸으며 장차 전민족이 단결하여 실제 행동으로 나아갈 필요가 있다는 것
> • 현재와 같은 교육 제도는 조선혼(朝鮮魂)을 소멸시키는 것이므로 조선인에 대해서는 조선인 본위의 교육을 할 필요가 있다는 것
> • 산업·교통의 모든 정책은 어느 것이나 일본인 본위이고 조선인에게 이익이 되는 바는 조금도 없으며 우리를 삶으로 인도하고 있다는 것

① 한국인의 힘으로 대학을 세우자는 민립 대학 설립 운동을 펼쳤다.
② 사회주의 세력과 비타협적 민족주의 세력이 민족 협동 전선을 결성하고자 만들었다.
③ 독서회 등을 결성하고 동맹 휴학을 전개하였다.
④ 신채호의 「조선 혁명 선언」을 지침으로 삼아 활동하였다.

16

일제의 경제 정책에 대한 설명으로 옳은 것은?

① 1910년대 : 임시 토지 조사국을 설치하고 토지 조사령이 공포되었다.
② 1920년대 : 「국가총동원법」 아래서 가혹한 물자 공출이 강제되었다.
③ 1930년대 : 조선인 기업의 발전을 억압하는 「회사령」과 「어업령」이 공포되었다.
④ 1940년대 : 허가제를 신고제로 전환하여 일본 기업이 본격적으로 한국에 침투되었다.

17

대한민국 임시 정부에 대한 설명으로 옳지 않은 것은?

① 서울에 위치하여 독립운동의 역량을 결집하였다.
② 독립 공채 발행 등을 통한 자금을 모집하였다.
③ 연통제와 교통국 등을 운영하였다.
④ 대통령 이승만, 국무총리 이동휘 등으로 지도부를 구성하였다.

18

한국광복군에 대한 설명으로 옳은 것은?

① 쌍성보에서 일본군과 접전하였다.
② 상하이에서 항일 독립운동 세력을 통합하여 설립되었다.
③ 김원봉 등이 중국 국민당 정부의 지원으로 창설하였다.
④ 초기에 중국 군사위원회의 간섭을 받았다.

19

다음 자료가 발표된 사건은?

> 지금 일어나고 있는 모든 참상은 여러분들이 상상
> 조차 할 수 없는 사실입니다. 지난 18일 이후 공수
> 특전단들이 선량한 시민들과 지성인들을 상대로
> 무자비한 진압을 하고 있습니다. …… 계엄 사령부
> 가 양심의 소리에 따라 행동한 학생, 교수, 시민을
> 폭도로 몰아 또다시 학살을 감행하리라는 것은 자
> 명한 사실입니다. 고립된 우리 광주 시민들에게는
> 무엇보다도 한시가 절박합니다.

① 4·19 혁명
② 5·16 군사 정변
③ 3·1 민주 구국 선언
④ 5·18 민주화 운동

20

(가) ~ (라)를 시기순으로 바르게 나열한 것은?

> (가) 7·7 특별 선언
> (나) 제2차 남북 정상 회담
> (다) 남북한 국제 연합 동시 가입
> (라) 통일을 위한 판문점 선언

① (가) → (나) → (다) → (라)
② (가) → (다) → (나) → (라)
③ (나) → (라) → (다) → (가)
④ (나) → (다) → (라) → (가)

MEMO

라영환 한국사
FINAL 작두 모의고사
for. 지방직 대비
해설편

1회

01	②	02	④	03	②	04	③
05	①	06	④	07	④	08	②
09	①	10	③	11	④	12	②
13	③	14	①	15	③	16	②
17	③	18	②	19	③	20	③

01

답 ②

📝 **출제영역** — 선사시대 문화

② 청동기 시대에는 미송리식 토기, 팽이형 토기, 민무늬 토기, 붉은 간 토기, 송국리식 토기 등이 제작되었다. 덧무늬 토기는 신석기 시대의 토기이다.

🔲 **오답풀이**

① 후기 구석기 시대의 유적인 충청북도 청원 두루봉 동굴 유적에서 어린 아이의 인골 화석인 흥수아이가 발견되었다. 흥수아이는 발견자의 이름을 따서 명명하였으며, 국화꽃을 뿌린 장례의식이 확인됨과 더불어 시신 매장 풍습이 있었음을 알 수 있다.

③ 신석기 시대에는 특정 동물을 자기 부족과 연결시켜 숭배하는 토테미즘의 신앙이 있었다. 그 외에 자연 현상을 숭배하는 애니미즘과 샤먼을 중심으로 한 샤머니즘, 영혼 및 조상 숭배 등의 원시신앙이 있었다.

④ 철기 시대의 유적지인 창원 다호리에서 문자를 적는 붓이 출토되어 당시 중국과 교류를 통해 한자를 사용하고 있었음을 알 수 있다.

02

답 ④

📝 **출제영역** — 신라의 역사적 사실

(가)는 박혁거세가 신라를 건국한 B.C. 57년부터 진덕여왕이 사망한 654년까지이다.

(나)는 진덕여왕이 즉위한 647년부터 혜공왕이 사망한 765년까지이다.

(다)는 혜공왕이 즉위한 760년부터 신라가 멸망한 936년까지이다.

ㄴ. 경주 불국사 석가탑 내부에서 발견된 무구정광대다라니경은 경덕왕 대인 751년경 인쇄된 것으로 추정된다.

ㄹ. 효공왕 대인 900년에 견훤이 완산주에 후백제를 세웠다.

🔲 **오답풀이**

ㄱ. 신라 하대의 효소왕(692~702) 때 수도에 서시와 남시를 설치하였다.

ㄷ. 매소성 전투는 675년, 기벌포 전투는 676년 문무왕 대에 일어난 나·당 전쟁이다. 나·당 연합군이 660년 백제를 멸망시키고 668년 고구려를 멸망시킨 뒤로, 당나라는 한반도 지배 야욕을 드러내었다. 옛 백제 땅에 웅진도독부를 설치하고, 옛 고구려 땅에 안동도호부를 설치하고, 신라에 계림도독부를 설치하여 한반도 전체의 지배권을 확보하려 하면서 신라는 당과 전쟁을 치렀다. 신라는 매소성 전투에서 당의 이근행이 이끄는 20만 대군을 격파하였고, 기벌포 전투에서 당의 설인귀가 이끄는 해군을 격퇴하여 평양에 있던 안동도호부를 요동성으로 축출하였다.

03
답 ②

📝 출제영역
백제 근초고왕 ~ 고구려 영양왕 대의 사실

(가)는 고흥이 『서기』를 편찬한 백제 근초고왕 대
(346~375)이며, (나)는 이문진이 『신집』을 편찬한 고구려
영양왕 대(600년)이다.

ㄱ. 신라 소지왕 때 우역을 설치하고 시장을 개설(490년)
하였다.

ㄷ. 고구려 소수림왕 때(372년) 전진의 승려 순도로부터
불교를 수용하였다.

📖 오답풀이

ㄴ. 신라 신문왕은 681년 김흠돌의 반란을 진압하고 왕권
을 강화하였다. 김흠돌은 김유신, 김인문을 도와 고구
려 정벌에 큰 공을 세운 장군이었다. 그러나 문무왕 대
부터 왕권강화책으로 귀족들을 강하게 견제하는 것에
불만을 품은 김흠돌은 모반을 꾀하다 발각되었다. 자
신의 딸을 신문왕의 왕비로 들였음에도 역모 계획이
들통나자 반란을 서둘러 주도하였고, 패배하여 죽임을
당하였다. 김흠돌의 반란으로 진골 귀족에 대한 대대
적인 숙청이 이루어져 왕권이 더욱 강화되는 계기가
되었다.

ㄹ. 3세기 백제 고이왕 대에 관제를 정비하여 6좌평·16관
등제를 실시하였다.

04
답 ③

📝 출제영역
고대의 문화재

③ 사택지적비는 백제 의자왕 대의 유물이며, 금동대향로
는 부여 능산리 절터 인근에서 발견된 백제의 유물이
다.

📖 오답풀이

① 금동 연가 7연명 여래 입상은 북조의 영향과 고구려의
문화가 융합된 고구려 안원왕 대의 불상이며, 이불병좌
상은 고구려의 영향을 받아 제작된 발해의 불상이다.

② 상원사 동종은 신라 성덕왕 대에 제작되었으며, 서산
마애 삼존불은 백제의 불상이다.

④ 5층 벽돌탑인 영광탑은 당의 영향을 받아 제작된 발해
의 탑이며, 법주사 쌍사자 석등은 신라 성덕왕 대 제작
되었다.

05
답 ①

📝 출제영역
윤관

제시문은 동북 9성에 관한 내용으로, 동북 9성을 축성한
윤관에 대한 문제이다.
① 윤관은 여진 정벌을 위해 신기군, 신보군, 항마군으로
구성된 별무반을 편성하였다.

📖 오답풀이

② 서희는 거란의 1차 침입 때 외교 담판을 통해 강동 6주
를 획득하였다.

③ 여·몽 전쟁 때 승려 출신으로 처인성에서 몽골군을 격
퇴하고 살리타를 사살한 인물은 김윤후이다. 이후 김윤
후는 제5차 몽골 침입기 때 충주 방호별감으로 충주성
에서 몽골군을 격퇴하는 전공을 세웠다.

④ 고려 후기(1377)에 최무선은 화통도감을 설치하여 화
약 무기를 제조하였다. 화통도감에서 제조한 화약 무기
는 진포 대첩에서 처음 사용되었다.

06
답 ④

📝 출제영역

제시문은 최승로가 고려 성종에게 올린 「오조정적평」의
일부이다. 최승로는 광종이 불교에 심취하여 사찰을 건립
하고 기도를 하는데 많은 재정과 시간을 낭비하고 있음을
비판하였다.
ㄷ. 관청에 소속되어 일정량의 급료를 받으며 잡역에 종사
한 공역 노비는 60세가 되면 역이 면제되었다.

ㄹ. 고려의 지역 호족 출신으로 향리직의 우두머리였던 호
장은 직역을 세습하였고, 직역의 대가로 외역전을 지
급받았다.

📖 오답풀이

ㄱ. 중류층인 남반은 내료직으로 궁궐 실무를 담당하였다.
중류층의 잡류가 중앙 관청의 말단에서 행정 실무를
관장하였다.

ㄴ. 향·부곡·소 주민은 신분상 양민이지만 거주 이전이 불
가능하였고, 과거에 응시하거나 국자감에 입학하거나
승려가 될 수 없었다.

07　　　　　　　　　　　　　답 ④

(가)는 경종 때의 시정 전시과, (나)는 목종 대의 개정 전시과, (다)는 문종 대의 경정 전시과이다.

④ 문종은 관리 수의 증가와 토지 부족 문제로 인해 현직 관리만 수조권을 지급하는 경정 전시과를 실시하였다. 기존 개정 전시과에 비해 토지 지급량이 축소되어 제15과 이하로는 시지가 지급되지 않았으며, 1등급 전지를 제외한 각 등급별 토지 지급 액수도 모두 감소하였다. 또한 무반에 대한 차별 대우를 개선하였으며, 승직·지리업 종사자에 지급하는 별사전을 지급하였고, 5품 이상 관리에게 지급하는 공음전을 신설하였다.

오답풀이

① 경종은 광종 대에 제정된 4색 공복 기준으로 관등과 인품을 고려하여 전·현직 관리에게 수조권을 지급하였다. 군인전은 목종 대의 개정 전시과 때 지급되기 시작하였다.

② 관리가 퇴직 시 지급받은 과전을 반납하여야 한다는 원칙은 공양왕 때 제정된 과전법이다. 과전법은 일반 문무 관료들에게 관직에 따라 18등급으로 나누어 수조권을 지급하였으며, 경기 44현의 토지를 대상으로 지급하였다. 원칙적으로는 퇴직 시 지급받은 과전을 반납해야 했지만 수신전과 휼양전이 있어 세습되었다. 수신전은 죽은 관리의 아내에게 세속하는 것이고, 휼양전은 죽은 관리와 그의 아내가 모두 사망하였을 경우 어린 자제에게 세습하는 것이다.

③ 목종 대에 18관등에 들지 못한 자에게 지급하는 한외과가 설치되었고, 문종 대의 경정전시과가 시행될 때 소멸되었다.

08　　　　　　　　　　　　　답 ②

제시문은 신숭겸 등이 왕건을 왕으로 추대한 내용으로, 고려 태조에 대한 문제이다.

② 고려 태조는 불교를 중시하여 국사·왕사 제도 마련을 시작하였으며, 광종 때에 완성하였다.

오답풀이

① 태조는 호족 통합·회유 정책으로 왕씨 성을 하사하는 사성 정책과 결혼 정책을 펼쳤다.

③ 태조는 호족 통제 정책의 일환으로 신라 경순왕을 최초로 경주의 사심관으로 임명하여, 부호장 이하 임명권을 주는 사심관 제도를 실시하였다. 사심관 제도와 더불어 기인제도를 실시하였는데, 기인제도는 신라의 상수리 제도를 계승하여 호족 자제를 인질로 삼는 제도이다.

④ 태조는 고구려 진대법을 계승한 흑창을 설치하여 민생 안정을 도모하였다.

09　　　　　　　　　　　　　답 ①

① 고려의 삼사는 화폐와 곡식 출납을 담당하는 회계기관이었다. 백관을 규찰·탄핵하는 언관의 역할을 맡았던 기관은 조선 시대의 삼사(사헌부·사간원·홍문관)이다.

오답풀이

② 한림원(예문관)에서 국왕의 교서와 외교문서를 작성하였고, 경연을 담당하였다.

③ 어사대의 관원인 대관과 낭사인 간관으로 구성된 대간은 서경·간쟁·봉박권을 가졌다. 서경은 관리 임명과 법 개정 폐지 등에 동의하는 권한이며, 간쟁은 왕의 잘못을 논하는 것이고, 봉박은 왕의 명령에 거부하는 것이다.

④ 상서성에 소속된 6부는 실제 행정 업무를 담당하였다. 이조는 문신 인사, 형부는 형벌과 치안을, 병부는 무신 인사와 국방 관련 업무를, 예부는 교육과 외교·과거를, 호부는 호적과 양안 등의 재정을, 공부는 산업과 건축 관련 업무를 담당하였다.

10　　　　　　　　　　　　　답 ③

1721년 신축년과 1722년 임인년에 걸쳐 경종 대에 발생한 신임옥사는 연잉군(훗날 영조)의 왕세제 책봉 문제를 두고 노론과 소론 사이에서 발생한 옥사 사건이다. 경종이 사망한 뒤 즉위한 영조는 1728년 소론이 주도한 이인좌의 난 이후 탕평을 선언하였다. 영조는 붕당을 없애는데 뜻이 있으나 당장은 실현이 어렵기에, 당파의 시비를 가리지 않고 온건하고 타협적인 인사들을 등용하는 완론탕평(緩論蕩平)을 주장하였다. 영조는 성균관 입구에 탕평비를 건립하고 탕평파 중심으로 정국을 운영하였다.

③ 영조는 압슬형, 낙형 등 가혹한 형벌을 폐지하고 사형수에 대한 삼심제를 엄격하게 시행하였다.

📱 **오답풀이**

① 정조는 수령이 군현 단위 향약을 주관하게 하여 수령권을 강화하였다.

② 세종은 사가독서제를 시행하여 학문 활동을 장려하였다. 사가독서제란 젊은 문신들이 임금의 명을 받아 직무를 쉬면서 글을 읽고 학문을 연구하던 제도이다.

④ 정조는 정유절목(1777)을 통해 서얼 차별을 완화하였으며, 1779년 규장각 검서관을 설치하여 박제가·이덕무·유득공·서이수 등을 규장각 검서관으로 등용하였다.

11 📋 ④

📝 **출제영역** 　조선 전기 과학기술

④ 세종 대 화약 무기의 제작과 사용법을 정리한 총통등록이 편찬되었다.

📱 **오답풀이**

① 세조 대에 토지측량기구인 인지의(印地儀)와 규형(窺衡)을 제작하였다.

② 비격진천뢰는 조선 선조 대에 발발한 임진왜란 중에 화포장 이장손이 제작한 무기이다. 문종 대에 편찬된 『동국병감』은 고조선부터 고려 말까지의 다른 민족과의 전쟁 및 전란사를 정리한 역사서이다.

③ 태종 대(1415)에 처음 종이를 생산하는 조지소를 설치하여 품질이 우수한 종이를 생산하였다. 세조 대(1466)에 조지서로 명칭이 변경되었다.

12 📋 ②

📝 **출제영역** 　향교

제시문은 지방의 부·목·군·현에 설립된 지방 국립교육기관인 향교이다. 향교는 성현에 제사지내고 지방민을 교화하기 위한 목적으로 설립되었다. 중앙에서 교수·훈도가 파견되어 지방 초·중등 교육을 진행하였다.

ㄱ. 시험 성적이 우수한 자에게는 과거시험의 소과의 초시를 면제해주었다.

ㄹ. 원래 학업 중에는 군역이 면제되었으나, 시험 성적 미달로 자격이 박탈된 경우에는 다시 군역에 충당되었다.

📱 **오답풀이**

ㄴ. 궁중도서를 관리하고 국왕의 자문에 응했던 학문기관은 홍문관이다.

ㄷ. 유학 최고 교육기관은 성균관으로, 입학 자격은 생원과 진사를 원칙으로 하였다.

13 📋 ③

📝 **출제영역** 　유네스코 세계기록유산

③ 1760년(영조 대) 정조는 세손 시절부터 자신을 반성하는 자료로 삼기 위해 매일 일기를 썼는데, 이를 존현각일기라 하였다. 정조가 왕이 된 후 개인의 일기에서 국정 일기로 성격이 변화하면서 존현각일기부터 1910년까지 국왕의 일기인 일성록이 작성되었다.

📱 **오답풀이**

① 승정원일기는 세계 최대의 연대 기록물로, 인조 대부터 고종 대의 승정원일기만 현존하고 있다. 조선왕조실록은 사초, 시정기 등을 모아 편찬한 기록물로 태조 대부터 철종 대까지를 편년체로 기술하였다.

② 왕실의 혼인이나 국장 등 국가의 여러 행사를 글과 그림으로 기록한 기록물은 조선왕조의궤로 임진왜란 이후의 것만 현존하며, 병인양요 때 프랑스에 약탈당하였다. 2011년 프랑스가 약탈해 간 외규장각 의궤를 영구 임대 형식으로 반환받았다. 조선왕실 어보와 어책은 왕의 정통성과 권위를 나타내는 어보(금·은·옥)와 옥책·죽책·금책 등 어보를 주석한 어책으로 왕실의 보물이다.

④ 사람의 체질을 태양·태음·소양·소음으로 나눈 사상의학 서적은 이제마가 편찬한 동의수세보원이다. 동의보감은 1610년 허준이 편찬한 백과사전식 의서이다.

14 📋 ①

📝 **출제영역** 　역사학자 정인보

제시문은 정인보가 동아일보에 연재한 「5천년간 조선의 얼」의 일부분으로서 이를 모아 「조선사 연구」로 출간되었다. 정인보는 우리 민족의 전통사상과 문화 속에서 민족의 고유한 특색을 찾아내 문화적으로 민족의 주체성을 유지하려는 조선학 운동을 전개하였다.

① 정인보가 단군에서부터 삼국시대에 이르는 우리 고대사를 통사 형식으로 쓴 책이다.

📱 **오답풀이**

② 원불교는 1916년 박중빈이 창시한 종교이다.

③ 신채호가 1923년에 의열단의 독립운동 방향을 천명한 선언서이다.

④ 유물사관에 입각해 한국사를 연구한 사람은 백남운이다. 백남운은 마르크스 유물사관에 입각하여 민족주의 역사학의 정신주의와 식민사관의 정체성을 모두 비판하였다.

15　답 ③

📝 **출제영역**　　　　　　　　　　　대한제국 정책

③ 대한제국 정부는 미국인 측량 기사를 초빙하여 전국적으로 양전 사업을 시행하고 일부 지주에게 지계를 발급하기도 했다.

📒 **오답풀이**

① 독립협회는 만민공동회를 개최하고 헌의 6조를 의결하였다. 만민공동회는 1898년 3월 서울 종로 네거리에서 최초로 열린 민중대회이다.
② 재정을 탁지아문으로 일원화한 것은 갑오개혁 때의 일이다.
④ 삼정이정청은 삼정의 폐단을 시정하기 위해 설치된 임시 관서로, 1862년(철종 13) 임술 농민 봉기를 계기로 설치되었다.

16　답 ②

📝 **출제영역**　　　　　　　　　　애국계몽운동 단체

📒 **오답풀이**

① 대한협회는 대한자강회를 계승하였으나, 이후 친일성격으로 변화하였다.
② 보안회는 1904년에 일본의 황무지 개간권 요구 반대 운동을 전개하여 이를 저지하였다.
③ 대한자강회는 전국에 지회를 설치하고, 월보를 간행하였으며, 고종 강제퇴위 반대운동을 주도하다가 강제로 해산되었다.(1907)
④ 신민회는 1907년 안창호, 양기탁 등이 중심이 되어 결성한 항일 비밀결사단체이다.

17　답 ③

📝 **출제영역**　　　　　　　　　　광주학생항일운동

위 사료는 광주학생항일운동(1929) 당시에 사용된 구호들이다.
③ 신간회(1927~1931)는 비타협적 민족주의 계열과 사회주의 계열이 연합한 좌우 합작 단체이다. 신간회는 1929년 광주 학생 항일 운동 당시 진상 조사단을 파견하였다.

📒 **오답풀이**

① 국채보상운동은 재정고문이었던 메가타가 실시한 화폐정리사업 결과로 인해 일어났다.
② 조선 형평사는 1923년 경남 진주에서 조직된 단체이다. 이 단체는 백정들에 대한 신분 차별과 멸시를 타파하기 위한 형평 운동을 전개하였다.
④ 국산품 애용을 강조한 운동은 물산장려운동이다. 물산장려 운동은 조선 관세령이 폐지된 1923년 4월 이후 더욱 확산되었으며, 일본산 물산의 수입 공세에 대비해 우리(조선) 민족의 경제적 자립성을 지키려는 운동이 전국으로 확산되었다.

18　답 ②

📝 **출제영역**　　　　　　　　통감부 시기 일제의 정책

② 회사령은 문화통치 기간인 1920년에 공포되었다.

📒 **오답풀이**

① 일제는 역과 관청의 경비를 충당하기 위해 지급된 역둔토를 총독부 소유로 만들었으며, 인삼을 전매하여 식민 통치에 필요한 재정을 확보하려 하였다.
③ 토지 약탈을 위해 동양척식주식회사가 설립된 때는 1908년이다. 일제는 토지조사사업을 통해 미신고지, 국·공유지, 소유주가 불분명한 토지를 조선총독부가 차지하여 동양척식주식회사나 일본인에게 헐값에 매각하였다.
④ 토지에 대한 개인의 사적 소유를 규정한 규칙으로, 대한제국이 1906년(대한제국 광무 10년) 칙령 및 법부령으로 외국인의 부동산 소유 확대를 허용한 법령이다.

19

답 ③

📝 출제영역

일제의 수탈

③ 일제는 1937년에 중일전쟁을 일으켜 중국 대륙을 침략하였으며, 1941년에는 태평양 전쟁을 일으켰다. 이처럼 전쟁이 확대되자 효과적인 전쟁 수행을 위해 우리나라에서 물적 수탈과 인적 수탈을 강화하였다. 그리하여 육군 지원병제(1938)와 학도 지원병제(1943), 징병제(1944) 등을 실시하였다. 또한 국민 징용령(1939)도 실시하여 한국인을 전쟁을 위한 노동자로 끌고 갔다.

🔖 오답풀이

① 1944년 일제는 여자정신근로령을 공포하여 12세 이상 40세 미만의 여성들을 후방의 병참지원 인력으로 동원하였다.
② 일제는 군수산업에 종사할 노동력을 충당하기 위해 국민징용령(1939)을 공포하여 광산, 비행장, 군수 공장 등지에 청장년들을 끌고 가 강제 노동을 시켰다.
④ 군수공장이 함경도 등 북부지방에 집중적으로 배치되면서 한반도 북부지방에서느 금속, 기계, 화학 등 중화학공업이 발달하였다. 농업과 공업, 경공업과 중공업 사이의 불균형과 지역간 편차가 극심하였다.

20

답 ③

📝 출제영역

모스크바 3국 외상회의

③ 모스크바 3국 외상 회의의 결정에 따라 한국의 임시정부 수립을 원조할 목적으로 미국과 소련에 의하여 미소 공동위원회가 설치되었다. 이에 따라 1946년과 1947년 2차례 미·소 공동 위원회가 개최되었으나, 미국과 소련의 입장 차이로 결렬되고, 한반도 문제는 유엔으로 넘어가게 되었다.

🔖 오답풀이

① 미·소 공동위원회는 1차(1946년 3월)와 2차(1947년 5월) 회의 모두 조선인의 참여 범위를 두고 미국과 소련의 의견대립으로 모두 결렬되었다.
② 좌우합작위원회는 1946년에 일제강점기 이후의 정부를 수립하기 위해 조선의 좌우 세력이 합작하여 연대를 추진하였던 위원회를 말한다. 이 위원회에는 중도파 세력 인사들이 주축으로 구성되어 활동하였다.
④ 일제 강점기에 있었던 친일파들의 민족 반역 행위를 조사하고 처벌하기 위해 1948년 제헌 국회에 설치되었던 특별 기구이다. '반민특위'라고도 불린다.

2회

01	④	02	③	03	②	04	①
05	③	06	③	07	③	08	②
09	③	10	①	11	②	12	②
13	②	14	③	15	①	16	③
17	②	18	②	19	①	20	①

01

답 ④

📝 출제영역

삼국의 시기별 사실

ㄷ. 4세기 고구려 소수림왕 대에 율령을 반포하고 수도에 국립교육기관인 태학을 설립하였다.
ㄱ. 433년 고구려 장수왕의 남진 정책에 맞서 신라 눌지왕은 백제 비유왕과 나제동맹을 체결하였다.
ㄴ. 6세기 초반 신라 법흥왕은 대가야와 결혼동맹을 맺었다.
ㄹ. 6세기 중반 백제 성왕은 수도에 5부 지방에 5방을 설치하였다.

02　　　　　　　　　　　　답 ③

태종무열왕 대에 백제를 정벌하는데 당 고종이 부대총관으로 임명한 인물은 김인문으로, 태종무열왕의 둘째 아들이자, 문무왕의 친동생이다. 김인문은 진덕여왕 대에 당나라에서 숙위활동을 하였으며, 부총관으로 백제 정벌에 나섰다. 문무왕 대에 당과 함께 평양성을 함락하고 고구려를 정벌하는데 출정하기 도 하였다. 당 고종의 신임을 받았던 그는 676년 신라가 당을 축출하려 할 때, 당 고종으로부터 신라 왕으로 임명 받기도 하였다. 이렇듯 김인문은 신라의 삼국통일에 공을 세웠으며, 신라와 당 사이의 중재자로서 외교 임무를 담당하여 큰 공을 세웠다.

③ 김인문이 당에 억류되었을 때, 문무왕의 명을 받은 강수가 「청방인문표」를 지어 당 고종에게 김인문의 석방을 요청하였다. 강수의 표문에 감동한 당 고종이 김인문을 풀어주었다는 일화가 삼국유사에 기록되어 있다.

📎 **오답풀이**

① 612년(고구려 영양왕 대)에 을지문덕은 살수에서 수 양제의 대군을 물리쳤다.

② 822년 김헌창은 태종무열왕의 후손인 자신의 아버지 김주원이 원성왕에 밀려 왕위에 오르지 못함을 명분 삼아 웅천주를 근거지로 반란을 일으켰다.

④ 647년 선덕여왕 대에 김유신은 상대등 비담이 염종과 함께 일으킨 반란을 진압하는데 큰 공을 세웠다.

03　　　　　　　　　　　　답 ②

제시문은 발해 무왕 대(732)에 장문휴의 수군이 산둥의 등주를 공격하자, 당의 요청으로 신라가 군대를 출병시킨 내용이다.

② 발해 무왕은 북만주 지역을 장악하였고, 요서 지역에서 당과 갈등을 맺었다. 돌궐·일본 등과 친선하면서 당과 신라를 견제하였다.

📎 **오답풀이**

① 대조영(고왕)은 698년 동모산 인근에서 진국을 건국한 뒤, 발해 군왕으로 책봉되면서 713년 발해로 국호를 변경하였다.

③ 선왕 대에 말갈을 복속하고 요동으로 진출하여 영토를 확장하였다. 이에 당은 발해를 동쪽의 융성한 나라라는 뜻을 가진 해동성국이라 불렀다.

④ 문왕 대에 수도를 중경에서 상경으로 천도하였다. 이후 상경에서 동경으로 천도하였다.

04　　　　　　　　　　　　답 ①

삼매경을 열고 온갖 거리를 교화한 인물은 원효이다. 원효는 대중들을 교화하기 위해 춤추고 노래하며 무애가를 불러 익히게 하였다.

ㄱ. 원효는 대중에게 염불하면 극락세계에 간다는 아미타 신앙을 주장하여 불교의 대중화에 기여하였다.

ㄴ. 원효는 불교의 다양한 이론을 열가지 질문으로 분류하여 정리한 『십문화쟁론』을 지어 종파 간의 화합을 주장하였다.

📎 **오답풀이**

ㄷ. 의상은 화엄사상의 요체를 210개의 그림과 글씨로 요약한 『화엄일승법계도』를 저술하여 화엄사상을 정리하였고, 많은 승려를 제자로 양성하였다.

ㄹ. 원측은 당에 유학하여 유식론을 독자적으로 발전시켰으며 서명학파를 형성하였다.

05　　　　　　　　　　　　답 ③

③ 정종 대에 승려들을 위한 장학재단인 광학보를 설치하였다.

📎 **오답풀이**

① 광종 대에 일정 기금을 조성하여 빈민을 구제하는 제위보를 설치하여 민생 안정을 도모하였다.

② 예종 대에 사회 시책으로 빈민 구제를 위한 임시기구인 구제도감이 설치되었다.

④ 문종 대에 유랑자의 수용과 구휼을 위한 동·서 대비원을 개경에 설치하였다.

06　　　　　　　　　　　　답 ③

제시문은 일본 정벌에 관한 내용으로 충렬왕 대임을 알 수 있다. 몽골은 1271년 일본 정복을 위해 정동행성을 설치한 뒤, 1274년 제1차 원정을 하였으나 실패하였고, 1281년 제2차 원정은 태풍 탓에 실패하였다.

③ 충렬왕 대에 안향의 건의로 국학생의 학비 마련을 위한 장학재단인 섬학전을 설치하였다.

📎 **오답풀이**

① 우왕 대(1380년)에 최무선이 화통도감에서 제조한 각종 화약무기를 이용하여 진포 대첩 등 왜구를 격퇴하였다.

② 창왕 대(1389)에 박위가 왜구의 소굴인 대마도를 정벌하였다.
④ 공양왕 대(1391년)에 최초의 지폐인 저화를 발행하였다.

④ 고려 후기에 편찬된 이규보의 『동명왕편』은 고구려 계승 의식으로 고구려의 전통을 강조하며, 동명왕의 업적을 칭송한 영웅 서사시 성격을 가지고 있다.

07

답 ③

📝 출제영역

조선시대의 관리 등용제도

제시문은 조선의 서얼에 대한 과거 응시 제한에 대한 내용이다.
③ 고려 시대에는 무과가 거의 시행되지 않았지만, 조선시대에는 무과가 정식으로 시행되었다. 소과 없이 대과로 진행되었고, 무예 시험과 병서, 경전 시험을 보았다.

📃 오답풀이

① 고려 시대에는 음서제도가 문벌 귀족의 기반이었지만, 조선시대 관리등용제도의 기본은 과거제도였다. 조선의 음서는 고려보다 축소되어 2품 이상 관리의 자제들만 음서로 등용이 가능하였고, 고위 요직으로 진출이 불가하였다.
② 종친이나 탐관오리의 자제, 재가한 여인의 자손, 서얼은 문과 응시가 금지되었다.
④ 하급 관리 선발을 목적으로 취재가 시행되었으며, 이조·병조·예조 등에서 시행되었다.

08

답 ②

📝 출제영역

제왕운기와 동사강목

(가)는 고려 후기에 편찬된 이승휴의 『제왕운기』이다. 이승휴는 자주적 사관을 바탕으로 단군 신화를 수록하고 발해사를 최초로 기록하였다. 상권은 중국의 역사를, 하권은 우리나라의 역사로 기술하여 중국과 대등한 관계를 강조하였다.
(나)는 조선 후기에 편찬된 안정복의 『동사강목』이다. 안정복은 성리학적 유교 사관에 따라 명분과 정통성을 중시하였다. 고조선부터 고려 말까지의 통사로 이익의 삼한정통론 역사의식을 계승하였다. 삼국시대는 정통 국가가 없는 무통의 시대로 파악하였고, 『삼국사기』를 비판하였으며, 고구려를 강조하였다. 『동사강목』은 고증 사학의 토대를 마련하였으나, 발해를 말갈의 역사로 보았다는 한계가 있다.

📃 오답풀이

① 고려 후기에 편찬된 일연의 『삼국유사』는 불교사를 중심으로 고대 민간의 설화 등을 수록하여 우리 고유의 문화와 전통을 중시하였다. 단군 신화를 최초로 기록하였으며, 기사본말체로 서술하였다.

09

답 ③

📝 출제영역

③ 강희맹은 성종 때 강희맹이 금양에서 직접 농사를 지으며 쓴 농서인 『금양잡록』을 저술하였다. 『양화소록』은 세조 때 강희안이 쓴 한국사 최초의 원예서로, 화초재배법을 설명하였다.

📃 오답풀이

① 『혼일강리도』는 태종 대에 만들어진 현존하는 가장 오래된 지도이다. 1402년 김사형, 이무가 발의하고 이회가 실무를 맡아 제작하였다. 원의 세계 지도를 참고하였으나 한반도와 일본이 지나치게 소략되어 한반도 지도와 일본 지도를 보강하여 제작하였다. 아시아·유럽·아프리카 대륙과 주요 도시가 표시되어 있다. 중국을 너무 크게 그리고 다른 대륙을 작게 그린 것을 통해 중화사상이 있었던 당시 세계관을 알 수 있다.
② 『의방유취』는 세종 대에 왕명으로 편찬된 동양 최대의 의학 백과사전이다. 한·당 이래로 명에 이르기까지 164종의 고전 의서가 수록되어 있으며, 중요한 고전 의서들이 원문 그대로 채록되어 있다는 특징이 있다.
④ 성종 대에 서거정이 역대 시문 133편을 엄선하여 모은 문집인 『동문선』을 편찬하였다.

10

답 ①

📝 출제영역

① 조선 후기에는 향촌에서 수령의 역할이 강화되고 지방 사족의 영향력이 약화되었다. 수령은 영향력을 행사하며 농민을 수탈하였다.

📃 오답풀이

② 향회는 사족이 향안(향회 운영 명부)을 기반으로 향촌 지배를 실현하기 위한 목적으로 운영한 지방자치회의이다. 18세기 중엽 이후 수령의 권한이 강화되면서 향회는 수령의 부세 자문 기구로 변질되었다.
③ 경재소는 선조 대(1603)에 임진왜란 이후 유향소의 지위가 격하되고 수령권이 강화함에 따라 폐지되었다.
④ 이성불양이란 성과 본이 다른 사람을 양자로 삼을 수 없다는 원칙으로, 우리나라의 양자 제도이다. 우리나라는 이성불양의 원칙에 따라 성이 다른 자를 양자로 삼을 수 없었으며, 조선 후기에 성이 같은 자를 양자로 받아들이면 그 집의 아들이 되는 양자 제도가 확산하였다.

11 　　　　　　　　　　　　　　정답 ②

📝 **출제영역**　　　　　　　　　　　조선의 정치적 사건

ㄷ. 갑자사화는 1504년 연산군 대에 연산군의 생모인 폐비 윤씨 사건에 대한 보복과 왕권 강화를 위해 연산군이 일으킨 대규모 숙청 사건이다.
ㄱ. 비변사는 중종 대에 일어난 삼포왜란(1510)을 계기로 임시기구로 처음 설치되었으며, 명종 대에 일어난 을묘왜변(1556) 때 상설화되었다. 왜구·여진 등 변방의 전쟁 업무에 대비하기 위해 설치되었던 비변사는 임진왜란 및 정묘·병자호란을 거치면서 군국 기무를 관장하였다. 의정부·6조 대신·지변사 재상이 참여하였으며, 조선 후기에 붕당 정치의 핵심 권력 기구화되었다.
ㄹ. 1636년 12월 청나라는 12만의 대군을 이끌고 조선을 침략하자 인조는 남한산성으로 피신하여 47일간 항전하였다.
ㄴ. 숙종 대에 허적(남인)이 왕의 허락 없이 궁중의 물건을 사용한 문제와 허견(허적의 아들)의 역모설로 남인을 축출하고 서인을 중용한 경신환국(1680)이 발생하였다.

12 　　　　　　　　　　　　　　정답 ②

📝 **출제영역**　　　　　　　　　　　　　대동법

제시문의 선혜법은 대동법을 의미한다. 조선의 공납은 집집마다 토산물을 부과하는 세금으로 상공·별공·진상 등이 있었다. 중앙 관청에서 군현에 물품과 액수를 부과하면, 군현에서는 집집마다 부과하는데 16세기에 납부의 어려움으로 대납, 방납 등이 성행하자, 광해군 때 이원익의 건의로 토산물 대신 쌀·무명·삼베·동전 등으로 징수하는 대동법이 처음으로 경기도에 한해 시작되었다. 숙종 때 이르러 국경 지역인 함경도와 평안도 및 제주도의 잉류 지역을 제외한 전국으로 확대되었다.
대동법을 시행한 결과 토산물을 조달하는 어용상인인 공인이 등장하여 상품 화폐 경제가 발달하는데 촉진제 역할을 하였다.
② 대동법 시행으로 공물 납부 방식이 가호에서 토지결수로 바뀌면서 토지가 많은 부호에게 불리해지고, 농민의 부담이 감소하였지만 일시적이었다.

💬 **오답풀이**

① 대동법이 시행되었음에도 별공·진상은 그대로 유지되어 현물 납부에 대한 부담이 잔존하였다.
③ 토질에 따라 6등급으로 나누어 수세한 제도는 세종 대에 실시된 전분6등법이다. 세종은 1444년 공법을 제정하여, 풍흉에 따라 9등급으로 나누어 수세하는 연분9등법과 토지의 비옥도에 따라 6등급으로 나누어 수세하는 전분6등급으로 조세를 차등 징수하였다.

④ 대동법은 공납의 전세화로 공물 납부 방식이 토지 결수로 변경되면서 토지1결 당 미곡 12두를 부과하였다. 결작은 영조 대(1750)에 시행된 균역법으로 발생한 세수 부족을 해결하기 위해 지주에게 1결당 미곡 2두를 부과한 조세 제도이다. 균역법은 정남 1인 당 부과되었던 군포 2필을 1필로 줄이는 법이다. 이로 인해 부족해진 세수를 어염세(어장세, 염세), 선박세, 선무군관포, 결작 등으로 확보하였다.

13 　　　　　　　　　　　　　　정답 ②

📝 **출제영역**　　　　　　　　　　　　　이황

『성학십도』와 『서명고증』은 이황의 저서이다. 『성학십도』는 이황이 1568년 경연 자리에서 갓 즉위한 선조에게 여러 유학자들의 학설과 도설을 소개하고 견해를 밝혀, 군주 스스로 성학을 따를 것을 제시한 왕의 수신 교과서이다.
ㄱ. 이황의 『전습록변』은 왕양명의 『전습록』을 비판한 저서로, 양명학의 지행합일설 등을 비판하였다.
ㄷ. 자성록을 비롯한 이황의 문집은 임진왜란 때 일본으로 반출되어 일본의 성리학 형성에 큰 영향을 끼쳐 유학의 신명처럼 존숭받았다.

💬 **오답풀이**

ㄴ. 대명의리론을 강조하고 북벌론을 제창한 인물은 송시열이다. 송시열은 임진왜란 때 조선을 도와준 명나라에 대한 의리를 잊지 말자는 대명의리론을 주장하였다. 병자호란과 정묘호란으로 조선이 큰 피해를 보자 청나라에 대한 원한으로 효종 대에 북벌론을 주장하였다.
ㄹ. 이이는 기의 중요성을 강조하는 현실적이고 개혁적인 경향을 지녀, 10만 양병설, 수미법 등 사회경장론을 주장하였다.

14 　　　　　　　　　　　　　　정답 ③

📝 **출제영역**　　　　　　　　　　　광주학생항일운동

위 제시문은 을미사변 이후 발생한 을미의병(1895년)을 이끌었던 유인석의 창의문이다.
ㄴ. 지방제도를 23부에서 13도로 개편한 것은 광무개혁 때의 일이다.
ㄷ. 을사늑약이 체결된 것은 1910년의 일이다.

💬 **오답풀이**

ㄱ. 군국기무처 설치는 1차 갑오개혁(1894년) 때 설치되었다.
ㄹ. 교육입국조서는 1895년 8월에 발생한 을미사변 이전인 1895년 2월에 반포되었다.

15 답 ①

📝 **출제영역** 1890년대 역사적 사실

1895년 러시아, 프랑스, 독일 삼국은 시모노세키조약의 결과 일본이 획득한 랴오뚱 반도를 청에 돌려주게 하였다.
① 백동화는 개항 이후 급증하는 재정 수요와 당면한 재정 궁핍에서 벗어나기 위해 1892년부터 1904년까지 주조, 유통시킨 화폐이다.

💬 **오답풀이**

② 황성신문은 1898년 지식인층과 유생들을 대상으로 국·한문 혼용으로 발행된 신문이다. 장지연은 이『황성신문』에「시일야방성대곡」을 1905년에 게재하였다.
③ 경인선은 1899년 개통되었다.
④ 황실의 지원을 받아 대한천일은행이 창립된 것은 고종 36년이자 광무 3년인 1899년 1월의 일이다.

16 답 ③

📝 **출제영역** 갑신정변 시기의 역사적 사건

위 제시문은 갑신정변 때 급진 개화파에 의해 발표된 14개조 개혁정강이다. 갑신정변은 1884년 12월 김옥균 등 급진 개화파가 우정총국 개국 축하연을 기회로 정변을 일으켜 청에 의존하는 수구 사대당을 몰아내고 개화당 정부를 수립한 사건이다.

💬 **오답풀이**

① 통리기무아문은 1880년 12월에 정부가 개화정책을 추진하기 위해 설치한 기구이다.
② 박문국은 1882년 박영효가 수신사로 일본에 다녀온 뒤에 고종에게 건의하여 갑신정변이 일어나기 이전인 1883년에 설립되었다.
③ 시모노세키조약은 청·일 전쟁의 전후처리를 위해 결과 1895년에 4월 17일 일본 시모노세키에서 청국과 일본이 체결한 조약이다. 시모노세키조약의 내용은 다음과 같다. ① 청은 조선국이 완전한 자주독립국임을 인정한다. ② 청은 랴오둥반도와 타이완 및 펑후섬 등을 일본에 할양한다. ③ 청은 일본에 배상금 2억 냥을 지불한다. ④ 청이 구미 열강과 체결한 통상 특권을 일본에게도 인정할 것. ⑤ 청의 사스·충칭·쑤저우·항저우의 개항과 일본 선박의 양쯔강 및 그 부속 하천의 자유 통항 용인, 그리고 일본인의 거주·영업·무역의 자유를 승인할 것. 등이다.

17 답 ②

📝 **출제영역** 한국광복군

위 제시문에서 설명하고 있는 군사 조직은 1940년에 창설된 한국광복군이다.
② 조선 의용대는 조선 민족 전선 연맹 산하의 군사 조직으로 결성되었다. 조선 민족 전선 연맹은 1937년 12월에 결성된 좌파계의 항일 민족 연합 전선이다. 1942년 4월 임시정부 국무회의에서 조선의용대를 광복군에 편입하기로 결의하였고, 동년 5월 총대장 김원봉은 광복군 부사령관과 제1지대장을 겸하고, 의용대는 제1지대에 편입되었다.

💬 **오답풀이**

① 지청천의 한국독립군이 중국호로군과 연합하여 쌍성보, 대전자령 전투 등에서 활약하였다.
  * 대전자령 : 중국 만주의 헤이룽장성 흑룡강성에 위치
③ 중국의용군과 연합작전을 전개한 군사조직은 양세봉이 이끄는 조선 혁명군이다.
④ 1942년 조선의용군은 조선의용대의 화북지대를 개편하여 결성한 조선독립동맹의 군사조직이다. 타이항산을 근거지로 일본 제국주의가 패망할 때까지 무장 투쟁을 하였고 제2차 세계 대전이 종결된 후 해산하여 상당수가 조선인민군에 편입되었다. 중국 공산당의 팔로군과 함께 항일전에 참여하였다.

18 답 ②

📝 **출제영역** 백범 김구

위 제시문은 백범 김구가 1948년 남한 단독정부 수립에 반대하면서 발표한 '삼천만 동포에게 읍고함'의 일부분이다.
② 1948년 4월 18일부터 4월 30일까지 북조선인민위원회(북한의 전신) 치하 평안남도 평양부에서 개최된 남북의 정치 지도자들의 회담으로서 '남북협상'이라고 부르기도 한다.

💬 **오답풀이**

① 건국준비위원회는 1945년 중도 좌파인 여운형과 중도 우파인 안재홍 주도로 결성된 조직으로서 김구는 참여하지 않았다.
③ 이승만은 신탁통치에 반대하고 우익 중심의 독립촉성 중앙협의회를 조직하였다.
④ 신한청년당은 1919년 김규식을 파리강화회의의 한국대표단 수석대표로 임명, 파견하여 한국인들의 독립의 열망을 알리고자 하였다.

19　　답 ①

📝 **출제영역**　　전시동원체제 시기의 일제 수탈정책

① 일제는 1939년 본격적인 전쟁 수행을 위해 군량미 확보를 위한 식량 공출제와 배급제를 실시하였는데 중일전쟁 및 제2차 세계대전을 계기로 1940년대 이후에는 군량확보를 위한 시장거래 봉쇄로 반출활동을 더욱 가중시켰다. 농민에게는 일정한 의무공출제(義務供出制)를 적용하고, 배급제를 실시하여 소비를 억제하였으며, 1943년 조선식량영단(朝鮮食糧營團)을 설치하여 양곡에 관한 일체의 업무를 취급하도록 하고 자유시장을 완전 봉쇄하였다.

💬 **오답풀이**

② 헌병경찰과 보조원은 무단통치기인 1910년대 일이다.
③ 일제는 1920년대에 들어와 문화통치를 실시하면서 보통교육의 수업연한은 4년에서 6년으로 확대하였다.
④ 일제는 1920년대에 들어와 회사 설립을 허가제에서 신고제로 전환하고 일본자본의 유입을 용이하게 하였다.

20　　답 ①

📝 **출제영역**　　광복 직후 정치 상황

① 조선독립동맹은 1942년에 중국공산당의 지휘 하에 중화민국 화베이 지역에서 한인 공산주의자들이 결성한 단체로 화북조선독립동맹이라고도 부른다. 조선독립동맹은 1942년 임시정부에 편입되지 않은 조선의용대를 중심으로 확대, 개편되었으며 산하에 조선의용군을 조직하였다.

💬 **오답풀이**

② 미군정의 남한의 어떠한 정치단체도 인정하지 않았다.
③ 1945년 12월에 개최된 모스크바 3국 외상회의에서는 한반도에 독립 국가를 건설하기 위한 임시정부를 수립하고, 임시정부 수립을 논의하기 위해 미·소 공동위원회를 설치하며, 4개국이 공동으로 최대 5년간 한반도를 통치한다고 결정하였다.
④ 조선건국준비위원회는 1945년 8월 15일부터 9월 7일까지 한국의 군정기에 여운형, 안재홍 등을 주축으로 일본 제국으로부터 행정권(총독부에 5개 항을 요구하며, 치안권 요구)을 인수받기 위하여 만든 조직이다. 한반도 남부에는 여운형과 안재홍 등을 주축으로, 한반도 북부에는 조만식 등을 주축으로 결성되었다. 줄여서 건준(建準)이라고도 부른다.

3회

01	①	02	③	03	③	04	②
05	④	06	②	07	③	08	②
09	②	10	③	11	③	12	④
13	④	14	②	15	①	16	④
17	③	18	②	19	②	20	①

01　　답 ①

📝 **출제영역**　　삼국의 역사적 사실

371년 고구려 고국원왕은 백제 근초고왕의 침입으로 평양성 전투에서 전사하였다. 642년 백제 의자왕 대에 윤충이 대야성을 비롯한 신라 40여 성을 공략하였다. 따라서 371년부터 642년 사이에 있었던 일을 고르는 문제이다.
① 6세기 후반 진흥왕 대에 함경도 지역까지 진출한 뒤 황초령비와 마운령비를 세웠다.

💬 **오답풀이**

② 313년 고구려 미천왕 대에 낙랑을 축출하였다. 1년 뒤인 314년에는 대방군 또한 멸망시켜 한반도 내 한나라가 설치했었던 한사군 축출을 완료하였다.
③ 648년 진덕여왕 대에 신라는 고구려와 백제에 대항하기 위해 당나라와 나·당동맹을 결성하였다.
④ 3세기 백제 고이왕은 마한의 목지국을 정벌하고 한강 유역을 확보하였다.

02　　답 ③

📝 **출제영역**　　신라의 역사적 사실

제시문은 통일신라 대에 작성된 민정 문서이다. 조세 징수와 노동력 징발을 통해 국가 재정을 확보하기 위한 목적으로 작성되었으며, 서원경 주변 4개 촌락을 조사하였다. 촌주가 매년 조사하여 3년마다 민정 문서를 작성하였다. 조사 대상은 촌락 크기, 토지 결수, 가축의 수, 유실수, 인구, 노비 수 등이었다. 인구를 남녀와 연령에 따라 6등급으로, 호구를 인정의 많고 적음에 따라 9등급으로 분류하였다.
③ 집사부의 시중이 국정을 총괄하였다. 대내상은 발해 정당성의 최고 관직이다.

① 신라는 일본에 선박 건조 기술과 제방 쌓는 축제술을 전파하였다.
② 신라 경덕왕은 한화 정책으로 9주의 지명 및 중앙 관직 등을 중국식으로 개칭하였다.
④ 흥덕왕은 834년 사치금지령을 내려 사치 풍조를 금지하고 골품 간 구별을 엄격화하였다.

03 　답 ③

📝 출제영역　　백제 성왕의 업적

노리사치계를 일본에 보내 불교를 전파한 왕은 백제의 성왕이다.
ㄴ. 551년 성왕은 신라 진흥왕과 연합하여 한강 하류를 모두 점령하였다. 그러나 553년 신라의 배신으로 한강 하류를 상실하자, 성왕은 신라를 공격하다 관산성 전투(554년)에서 사망하였다.
ㄷ. 성왕은 22부 중앙 관제를 정비하고, 수도에 5부, 지방에 5방을 설치하고 지방에 방령을 보내어 통치 체제를 정비하였다.

📖 오답풀이

ㄱ. 백제 의자왕 대(642년)에 윤충이 대야성을 비롯한 신라의 40여 성을 공략하여 승리하였다.
ㄹ. 성왕은 무령왕의 아들로, 무령왕의 뒤를 이어 즉위하였다. 영동대장군은 무령왕의 작호이다.

04 　답 ②

📝 출제영역　　고대의 무덤

ㄱ. 통일신라 시대에는 불교식 화장이 유행하였는데, 대표적으로 문무왕릉이 있다.
ㄹ. 발해는 고구려의 영향을 받은 모줄임 천장 구조로 무덤을 축조하였다. 대표적으로 발해 문왕의 둘째 딸인 정혜공주 묘가 있다.

📖 오답풀이

ㄴ. 현존하는 백제 고분들 중 남아있는 벽화는 벽돌무덤인 송산리 고분군 6호분의 사신도와 일월도이다.
ㄷ. 전기가야연맹 시대에는 목곽묘인 널무덤, 덧널무덤과 석곽묘인 돌덧널무덤 등이 있었다.

05 　답 ④

📝 출제영역　　삼국의 사회모습

④ 백제는 절도죄를 범할 시 2배를 배상하고 귀양보냈다. 고구려는 절도죄를 범할 경우 12배를 배상하게 하였다.

📖 오답풀이

① 백제는 간음하면 아내를 남편 집의 노비로 삼아, 여성만 처벌하고 남성은 처벌하지 않았다.
② 천민은 대개 전쟁 포로, 범법 행위, 채무 등의 이유로 인하여 발생하였다. 통일 신라시대에는 전쟁 노비는 없었다.
③ 신라는 귀족회의인 화백회의에서 만장일치제로 국가 중대사를 결정하였으며, 화백회의의 의장은 상대등이었다.

06 　답 ②

📝 출제영역　　고려의 불교문화

② 태조는 훈요십조에서 도선의 비보사탑설에 의해 지정된 곳 이외에는 어디에도 사탑을 건립하지 말 것을 당부하였다. 비보사찰이란 땅기운이 왕성하여 다툼이 일어날만한 곳에 미리 절을 지어 땅기운을 다스린다는 개념이다. 이후 고려는 국가차원으로 비보사원을 보호하는 정책을 시행하였다.

📖 오답풀이

① 고려 초기 광종 대 귀법사 주지였던 균여는 화엄 사상을 정비하고 보살의 실천행을 강조하였고, 『보현십원가』를 저술하였다. 균여는 화엄종을 중심으로 교종 통합을 시도하였다.
③ 공민왕의 왕사였던 보우는 원으로부터 임제종을 들여와 전파시킴으로써 불교계의 새로운 주류로 떠올랐다. 9산선문 통합을 위해 노력하였다.
④ 현종 때 거란이 2차 침입하자 거란을 물리치길 염원하는 마음을 담아 초조대장경을 편찬하여 불교의 교리 체계를 정리하였다. 대구 부인사에 보관되어 있던 초조대장경은 교장과 함께 몽골의 제2차 침입 당시 소실되었다.

07　답 ③

📝 **출제영역**　무신정권(이의민, 최충헌)

제시문은 최충헌이 명종에게 건의한 봉사 10조이다. (가)는 천민 출신의 최고 집권자였던 이의민이고, (나)는 이의민을 제거 후 집권한 최충헌이다.

③ 고려는 공·후·백·자·남의 5등제로 봉작제가 운영되었다. 왕자들은 공 및 후로 작위를 받았는데, 최충헌은 이들에 준하는 진강후로 봉해졌고, 흥녕부를 세울 수 있었다.

📖 **오답풀이**

① 경호 목적의 사병 집단인 도방을 설치한 인물은 정중부를 제거한 후 집권한 경대승이다.
② 본래 있었던 상·대장군의 합의 기구인 중방의 권한을 강화한 인물은 이의방을 제거한 후 집권한 정중부이다.
④ 무신정권기에 산발적이던 민란은 이의민 대에 발생한 김사미, 효심의 봉기를 계기로 연대하였다.

08　답 ②

📝 **출제영역**　고려 숙종의 업적

제시문은 김위제의 남경 천도 건의로, 고려 숙종 대에 김위제의 건의에 따라 남경 개창 도감이 설치되었다.

② 고려는 이미 성종 대에 철전을 만들어 사용하였는데, 백성들은 큰 철전을 사용하는데 불편을 겪었다. 농업·공업의 발전으로 상품 유통이 활발해지자 금속 화폐의 필요성이 대두된 상황에서 송나라에 다녀온 의천이 금속 화폐 사용을 강력히 건의하였다. 이에 숙종은 1101년 주전도감을 설치하여 은병(활구), 해동통보, 삼한통보, 삼한중보, 해동중보, 동국통보 등의 화폐를 주조하였다.

📖 **오답풀이**

① 예종 대에 관학 진흥을 위해 국자감에 전문 강좌인 7재를 처음 설치하고 장학재단인 양현고를 두었다.
③ 문종은 한양을 남경으로 승격하여 개경을 중심으로 동경, 서경, 남경 3경에 포함하였다.
④ 태조는 정계와 계백료서를 지어, 관리들이 지켜야 할 규범을 제시하였다.

09　답 ②

📝 **출제영역**　원간섭기 문화

제시문의 결혼도감은 원간섭기인 원종 대(1274)에 설치된 공녀 선발 기관이다.

② 다포 양식은 고려 후기의 건축 양식으로 기둥 사이에도 공포를 배치하는 방식이다. 황해도 사리원 성불사 응진전, 안변 석왕사 응진전 등이 대표적이다.

📖 **오답풀이**

① 9재 학당(문헌공도)을 설립하였던 최충은 고려 중기 문종 대에 활동하며 사학을 융성하게 하였으며 해동공자라 불리었다.
③ 떡, 두루마기 등 고려의 의복, 그릇, 풍습이 원에 전래되었다. 변발, 몽골식 복장(발립·철릭), 몽골어, 수라상, 족두리, 소주 등 몽골풍이 고려에서 유행하였다.
④ 고려 후기에 원의 영향을 받아 만들어진 경천사지 십층 석탑은 개성에 세워졌다.

10　답 ③

📝 **출제영역**　조선의 인사관리제도

③ 인사·법률 제정 등 공정성을 확보하는 서경제는 대간에서 담당하였으며, 고려는 모든 관리를 대상으로 하였지만 조선은 5품 이하의 관료들을 대상으로 하였다.

📖 **오답풀이**

① 6월과 12월에 관찰사가 수령을 평가하는 등 고관이 하급 관리의 근무 성적을 평가하는 포폄제가 있었다.
② 권력 집중과 부정을 막기 위하여 가까운 친인척을 같은 부서에 배치하지 않고 출신 지역에 지방관으로 임명하지 않는 상피제를 마련하였다.
④ 하급 관리는 상급 관리의 집 방문을 금지하는 분경 금지가 있었다.

11   답 ③

📑 **출제영역**   조선의 통치체제

- ㄴ. 왕권 강화를 뒷받침하는 기관인 승정원은 왕명의 출납을 담당하고, 도승지 이하 6승지가 6조를 분담하였다.
- ㄹ. 조선은 전국을 국가가 직접 지배하기 위해 모든 고을에 수령을 파견하였다. 수령의 큰 임무인 조세, 공물 징수를 위해 군사조직과 교통·통신 체계를 정비하여 중앙 집권적 행정 운영을 수월하게 하고자 하였다.

📑 **오답풀이**

- ㄱ. 춘추관은 역사서 편찬을 담당한 관청이다. 외교문서를 작성하던 관청은 승문원이다.
- ㄷ. 천거제는 특별 채용시험으로 현직 관리를 대상으로 문관 3품, 무관 2품 이상 고관이 추천하는 제도이다. 대표적으로 중종 대에 조광조가 사림 등용을 위해 실시하였던 현량과가 있었다. 벼슬하지 않은 사람이 천거되는 경우는 드물었으며, 천거된 뒤에도 시험을 치러야 했다. 천거로 관리가 된 사람이 죄를 지었을 경우 천거한 사람에게도 연좌제를 적용하여 죄를 물었다.

12   답 ④

📑 **출제영역**

- ㄴ. 조선 후기 상품 화폐 경제의 발달로 철점과 사기점 등 민간수공업자들의 작업장인 점(店)이 등장하였다. 조선 전기에는 관영 수공업 운영 방식으로 공장안(장인 등록제)에 따라 운영하였으나, 후기에는 장인세를 납부 후 자유롭게 수공업품을 생산하도록 하였다. 그리하여 수공업품 생산을 전문적으로 하는 마을인 점촌이 형성되어 민간 수공업자들이 제품을 생산하고 판매하였다.
- ㄹ. 포구에서 상품 매매를 중개하고 운송·보관·숙박·금융을 담당하던 객주와 여각이 활동하였고, 장시보다 포구에서의 거래 규모가 더 컸다.

📑 **오답풀이**

- ㄱ. 조선 전기에 시비법이 발달하여 휴경지가 소멸하면서 연작이 가능해졌다.
- ㄷ. 『농가집성』은 세종 대 편찬된 농서이고, 『농상집요』는 효종 대 편찬된 농서이다. 『농사직설』은 조선 세종 때 정초·변효문 등이 참여하여 편찬한 농서로, 전국의 농부들에게 경험을 물어 우리 현실에 맞는 농법을 개량하고 보급하였다. 『농가집성』은 조선 중기 문신인 신속이 편술한 농서로 모내기법 보급에 공헌하였다.

13   답 ④

📑 **출제영역**   조선의 실학자와 저서

- ㄷ. 17세기 후반 중농학파의 선구자였던 유형원은 『반계수록』에서 개개인이 사적으로 소유하고 있는 토지를 국가가 몰수하고 다시 신분제에 따라 일정 규모로 차등 분배해야 한다는 균전론과 공전제를 주장하였다. 양반 문벌과 과거제, 노비제도의 모순을 비판하였으나, 신분제는 인정하는 입장이었다.
- ㄹ. 유수원은 『우서』를 통해 농업의 상업적 경영과 기술 혁신을 주장하며, 상공업의 진흥과 기술 혁신을 강조하였다. 또한 사농공상의 직업적 평등화와 전문화를 주장하였다.

📑 **오답풀이**

- ㄱ. 박지원은 『한민명전의』를 통해 토지 소유의 상한선을 제한하는 한전제를 주장하였고, 농업 생산력 증대에 관심을 가졌다.
- ㄴ. 박제가는 정약용과 함께 종두법을 연구한 뒤 『종두방서』를 저술하였다.

14　답 ②

📝 출제영역　제물포 조약

제시문은 1882년 임오군란의 결과로 일본과 체결한 제물포 조약의 일부이다. 임오군란 직후 이를 수습하고자 1882년(고종 19) 8월에 조선과 일본 사이에 제물포 조약이 체결되었다. 주된 내용은 일본에게 배상금을 지불하고 사죄단을 파견한다는 것이다(각 제4관/제6관). 또 공사관 보호의 명분으로 일본 경비병을 상주시키는 내용도 들어갔다(제5관). 따라서 임오군란 이후 일본 공사관 경비 명목으로 일본군이 주둔하게 되었다. 을미사변은 1885년에 일어났다.

📖 오답풀이

① 1876년 강화도 조약 체결로 부산, 원산, 인천이 차례로 개항되었다.
　(부산이 1876년에, 원산이 1880년에, 인천이 1883년에 각각 개항하였다.)
② 조미수호통상조약은 1882년 청의 알선으로 서양과 맺은 최초의 조약으로서 조선은 전권대신 민영익과 부대신 홍영식, 종사관 서광범 등으로 구성된 보빙사를 미국에 파견하였다.
③ 영국군이 거문도를 점령한 것은 1885년의 일이다. 갑신정변이 끝난 후 조선 정부가 러시아와 비밀리에 협상을 벌이자 러시아를 견제할 목적으로 영국군이 거문도를 점령하였다.
④ 1894년 7월 24일부터 1895년 4월 17일까지 조선에 대한 종주권을 둘러싸고 청나라와 일본제국이 벌인 전쟁이다. 1894년 7월 25일 일본제국이 선전포고 없이 풍도에 주둔하고 있던 청나라 해군을 기습 공격하면서 청일 전쟁이 발발했고, 이후 전쟁은 내내 일본제국에 유리한 방향으로 흘러갔다. 1895년 3월 26일 펑후 제도 작전을 끝으로 청일 전쟁의 모든 전투는 종료되었고, 청나라와 일본제국은 시모노세키 조약을 체결하였다.

15　답 ④

📝 출제영역　개항기 제국주의의 침략

제시문을 순서대로 나열하면 ㄱ. 병인양요는 1866년 → ㄹ. 오페르트 도굴사건은 1868년 → ㄴ. 신미양요는 1871년 → ㄷ. 척화비 건립은 신미양요 이후의 사실이다.

📖 오답풀이

ㄱ. 1866년에 일어난 병인양요 당시 삼랑성(정족산성)에서 양헌수 부대의 항전 등으로 프랑스군을 물리쳤다. 그러나 프랑스군은 퇴각하면서 외규장각에 보관되어 있던 의궤를 비롯한 각종 문화재를 약탈해 갔다.
ㄴ. 1871년에 발생한 신미양요는 제너럴셔먼호 사건이 원인이 되어 일어났다.
ㄷ. 흥선대원군 집권 기간에 조선은 프랑스와 병인양요(1866)를, 미국과는 신미양요(1871)를 치렀는데, 신미양요가 끝난 직후 1871년에 흥선대원군의 명령으로 전국에 척화비를 건립하였다.
ㄹ. 독일 상인 오페르트가 흥선 대원군 부친인 남연군(1788~1836) 묘 도굴을 시도하다 실패한 이른바 '오페르트 도굴 시도 사건'이 일어난 것은 고종 5년인 1868년 5월의 일이다.

16　답 ④

📝 출제영역　헌의 6조

④ 독립 협회는 중추원 개편을 통한 의회 설립을 추진한 바 있다. 1898년 10월에 관민 공동회를 개최하여 헌의 6조를 결의하였다(1898.10.29). 독립협회는 헌의 6조를 통해 서구식의 입헌군주제 시행, 재정의 탁지부 일원화, 예·결산의 공개, 공개 재판 등을 주장하였다. 이로써 중추원 개편을 통한 의회설립 추진이 가능해졌으나 갑자기 마음을 바꾼 고종의 독립 협회해산 명령으로 좌절되고 말았다.

📖 오답풀이

① 교육입국조서는 1895년 8월 발생한 을미사변 이전인 1895년 2월에 반포되었으며, 제2차 갑오개혁의 내용이다.
② 원수부를 설치한 것은 대한제국의 광무개혁이며, 황제 직속의 최고 군 통수 기관이다. (1899.6~1904.9)
③ 광무개혁 당시 금본위제의 화폐제도로 개혁하고 중앙은행을 창립하려고 시도했지만 일본의 방해로 실패하였다.

17 답 ③

📝 출제영역 독도

위 제시문은 독도에 관련한 내용이다.
③ 독도가 일본과 관계없다고 답변한 일본 태정관 지령은 1877년의 사실이다.

💬 오답풀이

① 특히 안용복의 2차 도일 당시 도쿠가와 막부는 울릉도·독도를 조선 영토로 재확인하여 결정하고 문서를 필사 정리하여 태정관에 제출하였다.
② 대한제국은 1900년 대한제국 정부의 칙령 41호를 발표하여 울릉도와 독도를 우리 영토로 확정하였다.
④ 1875년 일본 육군성 참모국이 편찬한「조선전도」에서 울릉도와 독도를 조선 영토로 표시하였고, 1876년 일본 해군성 수로국에서 한반도 침략을 위한 전략 자료로 제작한「조선동해안도」에도 독도를 울릉도와 함께'조선 동해안'에 포함시켜 조선의 영토로 표시하였다.

18 답 ②

📝 출제영역 무단통치기 일제의 정책

② 일제는 국가체제나 사유재산 제도를 부정하는 사상을 통제하고 탄압하기 위해 치안유지법을 1925년에 제정하였다.

💬 오답풀이

① 조선인에게만 태형을 집행하도록 한 조선태형령이 시행된 것은 1912년 4월로서 1920년 3월 폐지되었다.
③ 조선총독부는 조선 침략에 협력한 조선인 중에 관료가 되지 못한 이들의 불만을 누그러뜨리고, 이들의 명망을 조선통치에 활용하고자 했다. 이를 위해 중추원을 조선 총독의 자문기관으로 남겨두었다. 1910년대에 중추원은 '조선반도사' 편찬과 구관 조사 등을 담당했지만, 자문사항을 검토하는 정례회의는 단 한 차례도 열리지 않았다.
④ 즉결처분권을 통해 일제는 정식 법 절차나 재판을 거치지 않고 한국인에게 벌금 구류 등의 처벌을 내릴 수 있었다.

19 답 ②

📝 출제영역 회사령과 토지조사사업

위 제시문 (가)는 1910년 공포한 회사령이며, (나)는 1912년에 발표한 토지조사령의 일부분이다. 일제는 식민 통치를 위한 경제적 기반을 조성하기 위해서 근대적 토지 소유 제도를 확립한다는 명분으로 1910년부터 1918년까지 토지조사사업을 실시하였다. 토지조사사업은 기한 내에 신고하지 못한 토지는 모두 조선 총독부의 소유가 된다는 기한부 신고제로 운영하였는데, 토지 약탈을 의도하여 짧은 신고 기간과 까다로운 절차, 소유자가 직접 신고해야 했다.
② 토지조사사업의 결과 농민들은 도지권을 상실하였고 기한부 계약에 의한 소작농으로 전락하였으나, 지주의 권리는 오히려 강화되었다.

💬 오답풀이

① 회사령은 기업을 설립할 때 총독의 허가를 받게한 것으로 1920년 폐지되어 신고제로 변경되었다.
③ 조선총독부는 토지조사사업을 통해 토지에 형성되어 있던 권리들을 소유권 중심으로 정리하였는데 이 과정에서 소유권과 충돌하는 중답주의 권리, 도지권 등은 소멸되었다. 그 결과 지주들의 권한은 더욱 강화되었으며 지세를 부과하는 토지의 면적이 크게 늘었다. 즉, 과세지가 확대되어 일제는 식민통치에 필요한 재정을 안정적으로 확보할 수 있었다.
④ 다수의 농민들은 도지권을 잃고 토지를 약탈당한 채 만주나 연해주 등 국외로 이주하였다.

20
답 ①

📝 출제영역
이승만 정부의 경제정책

① 신한공사는 동양척식주식회사가 소유하였던 재산을 관리하기 위해 미 군정이 1946년에 설립하였다.

📙 오답풀이

② 귀속재산처리법은 이승만 정부가 일제강점기 일본인 들이 소유했다가 일제가 패망하면서 남겨두고 간 재산, 즉 귀속 재산, 일명 적산(敵産)을 처리하는 것을 제정 (1949. 12.)한 법을 말한다.
③ 미국의 경제 원조로 (원조 물자를 가공한) 삼백 산업이 발달한 것은 이승만 정부 시기인 1950년대의 일이다.
④ 정부 수립 이후에 농지 개혁과 귀속 재산 불하가 시작 되면서 자본주의 경제 체제가 서서히 자리잡기 시작하 였다. 농지 개혁은 토지 개혁을 요구하는 사회적 요구 에 따라 정부 수립 후 농지개혁법이 제정(1949)되면서 실시되었다(1950~1957). 유상 매수, 유상 분배를 원 칙으로 이루어진 농지 개혁으로 인해 소작 제도가 폐지 되고 농사를 짓는 사람이 토지를 소유하는 원칙이 수립 되어 일제 강점기 이래 높은 소작률로 고통을 받던 농 민에게 희망을 주어 근대 농업경제 발전의 발판을 마련 하였다.

4회

01	④	02	②	03	④	04	①
05	③	06	②	07	②	08	①
09	②	10	④	11	②	12	②
13	④	14	④	15	①	16	②
17	④	18	②	19	③	20	②

01
답 ④

📝 출제영역
발해 문왕

대무예는 발해 무왕으로, 무왕의 아들로 다음 왕위에 오른 인물은 문왕(대흠무)이다.
④ 발해 선왕 때 지방을 5경 15부 62주로 정비하였다.

📙 오답풀이

① 문왕은 중경에서 상경으로 천도한 뒤, 동경으로 천도하 였다.
② 문왕은 황제국을 표방하며 황상이라 칭하였다.
③ 문왕은 3성 6부제를 시행하고, 주자감을 설치하는 등 중앙 관제를 마련하였다.

02
답 ②

📝 출제영역
삼국의 정치제도

ㄴ. 백제는 16관등을 두고, 관품 구별에 따라 6관등 이상 은 자색, 7~11관등은 비색, 12관등 이하는 청색의 공 복을 입었다.
ㄷ. 고구려는 부에 욕살이라는 장관을 파견하였고, 성에는 처려근지를 파견하였다.

📙 오답풀이

ㄱ. 고구려의 중앙정치는 대대로(막리지)가 국정을 총괄 하였다. 대내상은 발해에서 국정 총괄을 담당하던 최 고 관직이었다.
ㄹ. 화백회의는 만장일치 원칙으로 회의의 의장은 상대등 이다. 상좌평은 백제에서 국정을 총괄하는 최고 관직 이다.

03

📝 출제영역

④ 사신도가 그려진 고구려의 강서대묘는 굴식 돌방무덤으로 축조되었다. 돌무지무덤으로 축조된 무덤은 대표적으로 고구려의 장군총이 있다.

📖 오답풀이

① 신라 경덕왕 때 김대성이 현생의 부모를 위해 불국사를 건립하고, 전생의 부모를 위해 석굴암을 건축하였다.

② 소정방이 백제를 멸망시킨 뒤, 부여 정림사지 5층 석탑에 그 공을 새겨넣어 평제탑이라 불리기도 하였다.

③ 선덕여왕 때 자장의 건의로 건립된 황룡사 9층 목탑은 백제 장인 아비지에게 기술 지도를 받아 건립되었다.

04

📝 출제영역

제시문은 원성왕 대에 실시된 독서삼품과이다. 독서삼품과는 국학의 학생들을 유교 경전의 이해 수준에 따라 상·중·하의 3등급으로 구분하여 관리를 채용하는 제도이다.

ㄱ. 822년 김헌창은 태종무열왕의 후손인 자신의 아버지 김주원이 원성왕에게 밀려 왕위에 오르지 못함을 명분 삼아 웅천주를 근거지로 반란을 일으켰다.

ㄴ. 790년 신라 원성왕은 일길찬 백어를 발해 문왕에게 사신으로 보내었다.

📖 오답풀이

ㄷ. 통일신라시대 신문왕은 유교 교육을 강화하기 위해 국학을 설치(682)하였다. 이후 국학은 경덕왕 대에 명칭이 태학 또는 태학감으로 바뀌었다가 혜공왕 때 국학으로 명칭이 다시 바뀌었다.

ㄹ. 당나라를 예찬하는 오언태평송(五言太平頌)을 지어 당에 보낸 왕은 진덕여왕이다.

05

📝 출제영역

ㄱ. 견훤은 900년에 완산주(지금의 전주)에서 후백제를 건국하였다.

ㄷ. 궁예는 901년 송악에서 후고구려를 건국하였다. 904년 마진으로 국호를 변경한 뒤, 905년 철원으로 도읍을 천도하였다. 911년 국호를 다시 태봉으로 변경하였다.

📖 오답풀이

ㄴ. 견훤이 넷째 아들 금강을 후계자로 삼으려 하자, 장남 신검이 정변을 일으켜 견훤을 금산사에 유폐하였다. 이에 견훤은 왕건에게 귀순하였고, 왕건과 견훤은 936년 일리천에서 신검과 전투를 벌여 승리함으로써 후삼국이 통일되었다.

ㄹ. 궁예는 미륵 신앙을 이용하여 미륵을 자칭하며 전제 정치를 시행하였다.

06

📝 출제영역

제시문은 최승로가 작성한 「오조정적평」으로, 최승로는 태조 대부터 광종·경종 대까지 선왕들의 좋은 점을 본받고 나쁜 점을 경계하기 위해 이 글을 작성하였다고 밝혔다.

ㄱ. 최승로는 경주 출신으로, 신라 6두품 출신 집안에서 태어나 유학자로 활동하였다.

ㄹ. 유교 정치이념을 토대로 유교와 불교가 융합된 유교 정치의 실현을 추구하였다.

📖 오답풀이

ㄴ. 사찰과 승려들이 저지르는 각종 불교의 폐단을 지적하여 시정할 것을 건의하며, 연등회와 팔관회 폐지를 주장하였다.

ㄷ. 과거제는 광종 때 쌍기가 건의하여 시행되었다.

07 답 ②

📝 출제영역 여·몽 전쟁 중 사실

살례탑은 몽골의 장수로 고려에 침입하여 여·몽 전쟁을 일으켰다.

ㄱ. 고려가 몽골과 강화를 체결하고, 개경으로 환도하자 배중손이 이끄는 삼별초는 진도 용장산성으로 근거지를 옮겨 항전하였다. 배중손은 승화후 온을 왕으로 추대하여 항쟁하였지만 여몽 연합군에 의해 진압되었다. 이에 삼별초는 김통정의 지휘 아래 제주도로 이동하여 항전을 지속하였으나 1273년 진압되었다.

ㄹ. 고려 원종은 태자 시절 원나라 쿠빌라이를 만나 불개 토풍의 강화를 체결하였다. 불개토풍(不改土風)이란 고려가 몽골의 속국이 되더라도 고유의 풍속을 고치지 않아도 된다는 것이다.

📖 오답풀이

ㄴ. 공민왕 대에 홍건적의 2차 침입(1361)했을 당시 공민왕은 복주(지금의 안동)로 피란을 떠나야 했다.

ㄷ. 현종 대에 거란의 2차례 침입으로 압록강에서 도련포에 이르는 천리장성을 축조하였다.

08 답 ①

📝 출제영역 고려의 조세수취제도

① 양계는 조세를 자체 소비하였고, 지방은 조창을 통해 개경의 경창으로 조세를 운송하였다.

📖 오답풀이

② 토지 대장인 양안으로 조세를 부과하고, 인구 대장인 호적을 토대로 공물, 부역 등을 부과하였다.

③ 토지를 논과 밭으로 구분하고, 비옥한 정도에 따라 3등급으로 나누어 수확량의 1/10을 조세로 부과하였다.

④ 고려 후기에 황무지의 개간 장려를 위해 사패전을 나누어주었다. 황무지를 개간할 여력이 되는 사람들이 주로 종실, 왕비의 겁령구, 권세가, 부농층 등이었으므로 주로 이들이 사패전을 받았으며, 사패전은 원 간섭기에 대규모 농장이 형성되는 중요한 토대가 되었다. 또한 사패전은 자손에 세습되고 조세를 납부하지 않아 국가 재정 악화의 주요 원인이 되기도 하였다.

09 답 ②

📝 출제영역 고려의 예술과 문화

ㄱ. 공민왕이 그린 수렵도인 『천산대렵도』는 원대 북화의 영향을 받아 그려졌다.

ㄷ. 신품 4현이란 신라·고려 시대의 신품이라 불릴만큼 글씨로 유명한 네 사람으로, 신라의 김생, 고려의 탄연, 유신, 최우를 말한다.

📖 오답풀이

ㄴ. 고려 후기에 다양한 문학 형태가 등장하였는데, 이제현의 『역옹패설』, 이규보의 『백운소설』 등 패관문학이 유행하였다. 패관문학이란 고려 후기에 민간에서 떠도는 이야기를 수집하여 기록한 문학 형태이다. 가전체 문학은 사물을 의인화하여 교훈적 내용을 강조하는 문학 형태로 대표적으로 임춘의 국순전, 공방전과 이규보의 국선생전, 이곡의 죽부인전 등이 있다.

ㄹ. 관촉사 석조 미륵보살 입상은 거대한 불상이라는 특징이 있으며, 영주 부석사 소조 아미타여래좌상이 신라 양식을 계승하였다.

10 답 ④

📝 출제영역 조선 숙종의 업적

제시문은 숙종 대(1712)에 조선과 청 사이의 국경을 정하기 위해 세운 백두산 정계비에 대한 내용이다.

④ 정조는 병법서인 『무예도보통지』를 편찬하여 장용영의 군사 훈련용 지침서로 사용하였다.

📖 오답풀이

① 숙종 대에 궁궐 수비를 담당하는 금위영이 설치되었다.

② 광해군 때 이원익의 건의로 토산물 대신 쌀, 무명·삼베·동전 등으로 징수하는 대동법이 처음으로 경기도에 한해 시작되었다. 숙종 때 이르러 국경 지역인 함경도와 평안도 및 제주도의 잉류 지역을 제외한 전국으로 확대되었다.

③ 안용복은 2차례 일본으로 가서 울릉도와 독도가 우리의 영토임을 확인받았다.

11 답 ②

📝 출제영역 · 조선 후기 사회변화

② 정조는 정유절목(1777)을 통해 서얼 차별을 완화하였으며, 1779년 규장각 검서관을 설치하여 박제가·이덕무·유득공·서이수 등을 규장각 검서관으로 등용하였다. 서얼이 청요직에 진출할 수 있었던 때는 1851년 철종 대로 신해허통을 통해 서얼의 관직 진출 제한을 철폐하고 청요직 진출을 가능하게 하였다.

🗒 오답풀이

① 정조 대에 수령을 중심으로 한 관권이 강화되었다.
③ 조선 전기까지는 남귀여가혼 혼인 풍습이 있었으며, 조선 후기에는 친영제도로 변화하였다. 남귀여가혼이란 신랑이 신부 집에 가서 혼례를 치르고 신부집에서 혼인 생활을 시작하는 처가살이를 의미한다. 친영제도는 신랑이 신부 집으로 가서 신부를 맞이한 뒤 신랑 집으로 데려와 혼례를 치른 후 신랑 집에서 혼인 생활을 시작하는 혼인제도이다.
④ 영조 대에 재정 확보를 위해 양인 증가책인 노비종모법이 시행되었다. 노비종모법이란 양인 남성과 천인처첩 노비 사이에서 태어난 자녀는 모계를 따라 노비가 되게 하는 신분제이다.

12 답 ②

📝 출제영역 · 조선의 역사서

ㄱ. 문종 대에 고려 역사를 자주적으로 정리한 『고려사』, 『고려사절요』가 완성되었다. 『고려사』는 정도전의 『고려국사』를 모델로 기전체로 편찬되었다. 『고려사절요』는 편년체로 편찬된 역사서이다.
ㄷ. 이종휘의 『동사』는 최초로 단군 본기를 기록하였으며, 단군에서 부여, 고구려의 흐름에 중점을 두었다. 이는 고대사 연구 시야를 만주까지 확대하여 반도적 사관을 극복하였으며, 발해의 고구려 계승을 강조한 기전체 형식의 통사이다.

🗒 오답풀이

ㄴ. 성종 대에 서거정 등이 『자치통감』을 모델로 최초의 편년체 통사인 『동국통감』을 편찬하였다.
ㄹ. 한치윤은 『해동역사』에서 500여 종의 중국·일본 자료를 참고하여 기전체 형식으로 고조선부터 고려 말까지 저술하였다.

13 답 ④

📝 출제영역 · 양명학과 홍대용

(가)는 양명학의 대표적인 저서인 『전습록』이며, (나)는 홍대용이 주장하는 지전설이다.
④ 화이관은 중국이 세계의 중심이라는 중화사상으로, 홍대용은 무한 우주론과 지전설을 주장하며 중국 중심의 세계관을 비판하였다.

🗒 오답풀이

① 양명학은 정권에서 소외된 소론, 서얼, 종친들, 후손과 인척 사이에서 가학(家學)으로 이어졌다.
② 18세기 초 정제두가 양명학을 체계적으로 연구하여 강화도를 중심으로 강화학파로 발전시켰다. 정제두는 일반민을 도덕 실천의 주체로 인정하고, 양반 신분제의 폐지를 주장하고, 주자학을 비판하였다.
③ 홍대용은 근대 서양 과학과 동양의 전통적 자연관, 지구 중심적 세계관과 우주무한론 등이 섞여 있는 한계가 있지만, 근대적 우주관으로 접근하고 있었던 조선의 뛰어난 과학사상가라고 평가받고 있다.

14 답 ④

📝 출제영역 · 1880년대~1890년대 역사적 사건

제시문을 순서대로 나열하면 ㄷ. 거문도 사건(1885) → ㄴ. 고부농민봉기(1894.1.) → ㄱ. 동학 농민군의 전주성 점령(1894.4) → ㄹ. 삼국간섭(1895) 순이다.

🗒 오답풀이

ㄱ. 동학 농민군이 전라 감영군 관군을 격파한 황토현 전투가 있었던 것은 1894년 4월 7일의 일이다. 그리고 2주일 뒤에 동학 농민군은 장성 황룡촌에서 중앙 관군까지 격파한 후 마침내 전주성을 점령하였다.(1894.4.27.)
ㄴ. 고부농민봉기에서 지금의 전북 정읍 농민들이 조병갑의 탐학에 맞서 만석보를 파괴하였다.(1894.1.10.).
ㄷ. 영국군이 거문도를 점령한 것은 1885년의 일이다. 갑신정변이 끝난 후 조선 정부가 러시아와 비밀리에 협상을 벌이자 러시아를 견제할 목적으로 영국군이 거문도를 점령하였다.
ㄹ. 1895년 러시아, 프랑스, 독일이 간섭하여 일본이 청일 전쟁의 결과로 얻은 랴오둥 반도를 청나라에 돌려주게 하였다.

15　　　답 ①

📝 출제영역　　　을미의병

위 사료는 을미의병을 해산을 명하는 고종의 의병해산 권고조칙이다.

① 을미의병에 가담한 일부 농민과 하층민들은 활빈당 등의 무장조직을 만들어 활동을 이어나갔다.

📖 오답풀이

② 신돌석은 평민 출신으로 을사늑약 체결에 반대하여 의병 3,000명을 이끌고 평해와 울진 등지에서 크게 활약하였다.

③ 1907년 고종의 강제 퇴위와 한·일 신협약 체결로 인해 대한 제국 군대가 강제 해산되자, 이인영과 허위 등 양반 유생 의병장을 중심으로 13도 창의군을 결성하였으며 의병을 국제법상 교전단체로 인정해 달라는 서한을 각국 영사관에 보냈으나 인정받지 못하였으며, 1908년 서울 진공작전을 전개하였으나 일본의 대응으로 실패하였다.

④ 군대해산 이후 해산 군인의 합류로 정미의병은 조직력과 전투력이 강화되었다.

16　　　답 ②

📝 출제영역　　　애국계몽운동

② 신민회는 국내에서 문화적(대성·오산 학교 설립), 경제적(자기회사, 태극서관 설립) 실력 양성 운동을 전개하면서 점차 국외에서 독립군 기지의 건설(삼원보에 신흥무관학교 설립) 등 군사적 실력 양성을 꾀하였으나, 105인 사건으로 해체되었다.

📖 오답풀이

① 헌정연구회(1905.5~1905.11)는 러일 전쟁 이후인 1905년 5월 24일 입헌정치를 연구하고 국민을 계몽하기 위해 설립된 애국계몽 운동단체로서 을사늑약 이후 통감부에 의해 한국인의 정치 활동이 금지되자 일본의 침략에 대항하여 근대적인 입헌 의회 제도를 중심으로 하는 정치 개혁을 주장하였다.

③ 보안회는 1904년에 일본의 황무지 개간권 요구 반대 운동을 전개하여 이를 저지하였다.

④ 대한자강회는 전국에 지회를 설치하고, 월보를 간행하였으며, 고종 강제퇴위 반대운동을 주도하다가 강제로 해산되었다.(1907)

17　　　답 ④

📝 출제영역　　　대한광복회

위 제시문은 대한광복회(1915) 강령이다.

④ 대한 광복회는 1915년 7월 대구에서 (풍기)광복단과 조선 국권회복단의 일부 인사가 통합하여 비밀리에 결성되었다(~1918.1). 의병장 허위의 문하인 고헌 박상진을 주축으로 하였으며, 국권 회복과 공화정체의 국민국가 수립을 목표로 삼았다. 대한 광복회는 1918년 1월에 전국 조직망이 발각되었으며, 박상진은 1920년 사형을 선고 받고 옥고를 치르다 1921년 순국하였다.

📖 오답풀이

① 6·10 만세운동은 순종 인산일을 기해 사회주의 세력과 민족주의 세력 및 학생들이 계획하였으나 사전에 발각되었다. 6·10 만세 운동은 민족주의 세력과 사회주의 세력이 연대하는 계기가 되어 민족 협동 전선 운동으로 이어졌다.

② 민족 유일당 운동의 결과로 결성된 조직은 신간회(1927)이다.

③ 임병찬이 고종의 밀지를 받아 전라도에서 독립 의군부를 결성한 것은 1912년 9월의 일이다(~1913.5). 독립 의군부는 복벽주의를 표방하였다.

18　　　답 ②

📝 출제영역　　　일제강점기 역사연구

📖 오답풀이

㉠ 실증사학의 대표적인 인물인 이병도와 손진태는 객관적 사실에 근거하는 문헌 고증의 자세로 우리의 역사 문화 언어 등을 연구하여 식민사학의 타율성론, 단군조선 부정 등을 비판하였다.

㉡ 1920년대 후반 사회주의 이념의 확산으로 노동자·농민 운동이 활성화되는 가운데 유물사관으로 한국사의 발전 과정을 탐구하려는 사회경제사학이 등장하였다.

㉢ 민족주의사학은 역사 연구를 독립운동의 방법으로 인식하여 우리 민족의 자율성과 주체성, 한국사의 자주적 발전을 강조하였다.

19 답 ③

제시문을 순서대로 나열하면 ㄷ. 동양척식주식회사 설립 (1908) → ㄴ. 토지조사사업 실시(1910) → ㄹ. 신은행령 공포(1928) → ㄱ. 산미증식계획 중단(1934) 순이다.

📄 오답풀이

ㄱ. 산미증식계획은 1920년에 시작되어 1934년에 중단 되었으나 1940년에 전쟁 수행을 위한 군량미 보급을 위해 재개되었다.

ㄴ. 일제는 식민 통치를 위한 경제적 기반을 조성하기 위해서 근대적 토지 소유 제도를 확립한다는 명분으로 1910년부터 1918년까지 토지조사사업을 실시하였다.

ㄷ. 토지 약탈을 위해 동양척식주식회사가 설립된 때는 1908년이다. 일제는 토지조사사업을 통해 미신고지, 국·공유지, 소유주가 불분명한 토지를 조선총독부가 차지하여 동양 척식 주식회사나 일본인에게 헐값에 매각하였다.

ㄹ. 일제는 1928년 발표한 신은행령을 통해 한국인 소유의 은행을 합병하며 일본 자본의 지배력을 강화하였다.

20 답 ②

② 제1차 경제개발 5개년 계획(1962년 ~ 1966년)으로 전력 및 석탄의 에너지원과 기간산업을 확충하여 경제개발의 토대를 형성하였으며, 경부 고속도로와 포항 제철소 건설을 시작하는 등 사회 간접 자본도 확충하는 한편 농업 생산력을 확대하여 농업소득을 증대시켰다.

📄 오답풀이

① 우리 정부가 1965년부터 1973년까지 베트남전에 국군을 파병하면서 미국 측과 파병에 대한 보상 조치로 맺은 각서를 말한다. 베트남전 파병은 경제적으로는 '브라운 각서'와 '월남 특수'를 통한 고용 증대와 경제 성장을 가져다 주었다. 그러나 미국의 권유로 시작된 베트남전 참전으로 전사 5000여 명, 부상 1만 5000여 명의 큰 희생을 치렀으며, 또 다수의 서방 국가들로부터 많은 비난도 받았다.

③ 저유가, 저금리, 저달러의 3저 호황으로 수출이 증가한 것은 전두환 정부 시기의 일이다. 우리나라 경제는 1986년부터 1988년까지 연평균 12.1% 성장하였으며, 실업률도 4.0%에서 2.5%로 떨어졌다.

④ 우리나라가 국제통화기금(IMF)에 구제 금융을 신청한다고 발표한 것은 김영삼 정부 말기인 1997년 11월의 일이다. 같은 해 12월 3일에 IMF와 양해 각서를 체결하였다.

5회

01	③	02	②	03	②	04	①
05	④	06	③	07	①	08	④
09	④	10	①	11	③	12	①
13	②	14	②	15	②	16	①
17	①	18	②	19	②	20	④

01

답 ③

📝 출제영역

고구려

제시문에서 큰 산과 깊은 골짜기가 많으며 좋은 농경지가 없고, 사람들이 노략질하기를 좋아한다는 내용을 통해 고구려임을 알 수 있다. 고구려의 영토는 대부분 산악지대로 농경지가 부족하여 주로 정복활동을 통해 식량을 마련하였다.

③ 고구려는 10월에 동맹이라는 제천행사를 개최하였고, 왕과 신하들이 국내성 동쪽에 위치한 국동대혈이라는 동굴에서 고구려의 시조인 주몽과 주몽의 어머니인 유화부인을 신으로 섬기며 제사를 지냈다.

📒 오답풀이

① 대군왕은 없고 대대로 읍락에 장수가 있었던 군장 국가는 옥저와 동예이다.

② 부여에는 왕이 죽으면 주변 사람들을 부장품과 함께 껴묻는 순장 풍습이 있었다.

④ 책화의 풍습이 있었던 국가는 동예이다. 책화란 다른 읍락의 영역을 침범하면 노비, 소, 말 등으로 배상금을 내는 제도이다.

02

답 ②

📝 출제영역

발해 정효공주 묘

② 굴식 돌방무덤으로, 돌사자상이 출토된 무덤은 발해 문왕의 둘째 딸인 정혜공주의 묘이다. 정혜공주의 묘는 고구려 양식인 굴식 돌방무덤과 모줄임 구조로 축조되었다.

📒 오답풀이

① 정효공주 묘에는 죽은 자의 가족 관계를 기록한 묘지(墓誌)가 발견되었다. 이 묘지에 공주의 아버지인 문왕을 황상이라 칭하고 있으며, 문왕 때 사용한 대흥, 보력 등의 연호가 발견되었다.

③ 발해 문왕의 넷째 딸인 정효공주의 묘는 당의 영향을 받은 벽돌무덤 양식과 고구려의 영향을 받은 평행 고임 천장 구조로 축조되었다.

④ 무덤 내부의 널방과 널길의 벽면에 무사, 악사, 시종 등의 인물들을 그린 벽화가 그려져 있다.

03

답 ②

📝 출제영역

발해사의 전개과정

ㄱ은 발해 무왕 때, ㄴ은 발해 선왕 때, ㄷ은 발해 문왕 때이다.

ㄱ. 발해 무왕 때 일본과 국교를 맺고 친선하였고, 당과 신라를 견제하였다. 무왕때인 732년 장문휴의 수군이 산둥의 등주를 공격하였다.

ㄷ. 발해 문왕은 갈등 관계에 있던 당과 신라와 친선관계를 맺었다. 신라와의 상시 교류를 위해 남경에 신라도를 설치하였으며, 신라 원성왕은 사신 일길찬 백어를 발해에 보내었다.

ㄴ. 발해 선왕 때 말갈을 복속하고, 요동에 진출하여 고구려 영토 대부분을 차지함으로써 해동성국이라 불렸다.

04

답 ①

📝 출제영역

고려 경종 대 사실

① 976년 경종은 전·현직 관리를 대상으로, 인품과 관등을 기준으로 하는 시정 전시과를 제정하였다.

📒 오답풀이

② 성종 때 최승로의 건의를 받아들여 12목을 설치하고 최초로 지방관을 파견하여 중앙 집권 체제를 강화하였다.

③ 광종 때 빈민구제기금인 제위보를 설치하였다.

④ 광종은 고려가 황제국임을 내세웠고, 광덕·준풍 등 독자적인 연호를 사용하고, 개경을 황도라 칭하는 등 국왕의 권위를 높였다.

05
답 ④

📝 출제영역
지눌

제시문은 지눌의 권수정혜결사문이다. 지눌은 명예와 이익을 버리고 산림에 은둔하며 항상 선을 익히고 지혜를 고르는데 힘쓰는 등 승려 본연의 자세로 돌아가자고 주장하였다.

ㄷ. 지눌은 최씨 무신정권의 후원을 받으면서 무신 정권기에 불교 개혁 운동을 전개하였다. 당시의 불교가 명예와 이익에 집착하여 타락하였음을 비판하며, 승려 본연의 자세로 돌아가자는 수선사 결사 운동을 전개하였다.

ㄹ. 지눌은 단번에 깨닫고 꾸준한 수행으로 닦아나간다는 돈오점수와 선과 교학을 병행해야 한다는 정혜쌍수를 주장하며, 선종을 중심으로 교종을 통합하고자 하였다.

📖 오답풀이

ㄱ. 광종은 승려 혜거 등을 통해 중국에서 도입한 법안종을 중심으로 선종을 정리하고자 하였다.

ㄴ. 의천은 초조대장경을 보완하고자 우리나라와 송, 요, 일본의 불교 자료를 모아 『신편제종교장총록』을 편찬하였으며, 이를 바탕으로 흥왕사에서 교장(속장경)을 간행하였다.

06
답 ③

📝 출제영역
묘청과 김부식

제시문은 신채호의 『조선사연구초』이다. 신채호는 묘청의 난을 '조선 역사상 일천년래 제일 대사건'이라 평가하면서, 묘청의 난을 진취적인 역사적 진전을 이룰 수 있었던 큰 기회라 보았다. 따라서 ⊙은 묘청, ⓒ은 김부식이다.

③ 김부식은 개경파를 대표하는 문벌 귀족으로, 묘청의 난을 관군을 동원하여 진압하였다.

📖 오답풀이

① 묘청은 풍수지리와 도참사상을 기반으로 서경 천도를 주장하였다.

② 묘청은 금의 압력에 대항하여 칭제건원을 주장하고, 금을 정벌할 것을 주장하였다. 서경 천도 운동에 실패하자, 1135년 묘청은 국호를 대위로 하고 연호를 천개로 하여 반란을 일으켰으나, 김부식이 이끈 관군에 의해 진압되었다.

④ 인종은 중앙의 관군들로 토벌대를 꾸렸으며, 김부식을 중군수로 임명하였다. 도방은 무신집권기 경대승이 설치한 경호 목적의 사병 집단으로, 도방을 확대한 인물은 최충헌이다.

07
답 ①

📝 출제영역
고려 현종의 정책

거란의 야율아보기는 목종을 폐위하고 현종을 옹립한 강조의 정변을 구실로 1010년 고려를 2차로 침략하였다. 거란의 2차 침입에 대항하여 싸운 고려의 대표적인 장수는 양규로 국경 지대인 흥화진 전투를 승리로 이끌었다.

① 현종은 거란의 2차 침입 때 초조대장경 조판 사업을 처음으로 시작하였다.

📖 오답풀이

② 성종 때 2성 6부제, 중추원, 삼사, 도병마사, 식목도감 등을 설치하여 중앙 관제를 정비하였다.

③ 성종은 국자감을 설치하고 지방에 경학박사와 의학박사를 파견하고, 향교를 설치하였다.

④ 정종은 거란의 침입에 대비하기 위해 광군 30만을 조직하였다.

08
답 ④

📝 출제영역
고려의 과학기술

④ 대장도감에서 편찬한 향약구급방은 현존하는 최고(最古)의 의서로, 우리나라 실정에 맞는 약초로 병을 치료하는 자주적인 의서이다.

📖 오답풀이

① 고려는 첨성대에서 천체를 관측하였다. 간의대는 조선 세종 대에 천체관측 기구인 간의가 발명되면서부터 조선의 천문대로 이용되었다.

② 19세기 철종 대에 제작된 김정호의 대동여지도는 순조 대에 제작한 청구도를 수정한 것으로, 10리마다 눈금을 표시하여 지도 제작의 과학화에 기여하였다. 산맥·하천·포구·도로망 표시가 정밀하며, 22첩의 분첩 절첩식으로 목판 인쇄되었다.

③ 식자판 조립법은 조선 세종 때 발명된 갑인자이다. 고려의 경우 전기에는 목판 인쇄를 주로 진행하였으며, 고려 후기에 들어 금속 활판을 이용하여 인쇄하기 시작하였으나 소량 인쇄가 가능하였다.

09 　　　　　　　　　답 ④

📑 출제영역　　　　　　　조광조의 개혁 정치

제시문은 중종의 책문에 대한 조광조의 답안이다.
④ 사림이 분화한 붕당은 선조 대에 처음 형성되었으며, 조광조가 활동하던 중종 대에는 훈구파와 사림파가 대립하던 시기였다. 성리학적 도학 정치를 추구하던 조광조는 사림의 절대적인 지지를 받고 있던 인물로 훈구파를 견제하고 사림 인사들을 등용하기 위한 개혁 정치를 펼쳤다.

💭 오답풀이

① 조광조는 신진 사림을 중심으로 한 정치 개편을 위해 반정 공신들 중 자격이 없는 사람의 공신 칭호를 박탈하는 위훈 삭제를 주장하였다. 이에 반발한 훈구 세력은 조광조가 반역을 도모하였다는 '주초위왕(走肖爲王)(조씨가 왕이 된다)' 사건을 조작하여 기묘사화를 일으켰다. 조광조는 기묘사화로 인해 유배당한 뒤 사약을 받았고, 그를 따르던 사림도 대부분 정계에서 제거당하였다.

② 조광조는 성리학적 도학 정치의 일환으로 도교행사를 주관하던 소격서를 폐지할 것을 주장하였다. 또한 신진 사림을 등용하기 위해 현량과를 실시할 것을 주장하였다. 더불어 민생 안정을 위해 내수사의 장리 폐지를 주장하고, 토지 겸병 반대, 균전제 실시를 주장하였으며, 방납의 폐단을 시정하기 위해 수미법을 실시할 것을 주장하기도 하였다.

③ 조광조는 향촌 자치 및 성리학적 생활 규범을 향촌 사회에 정착시키기 위해 『여씨향약』을 전국에 보급하는 운동을 펼쳤다. 또한 도덕과 의례의 기본 서적인 『소학』을 보급하고자 하였다.

10 　　　　　　　　　답 ①

📑 출제영역　　　　　　　　소현세자

제시문은 1636년 병자호란이 발발한 뒤 남한산성에서 저항하던 인조가 청에 항복하고, 청의 숭덕제(홍타이지)에게 삼배구고두례를 하기 위해 성 밖을 나서는 내용이다. 따라서 밑줄 친 인물은 인조의 장자이자, 조선의 세자였던 소현세자이다.
① 소현세자는 청의 문물을 받아들여 조선을 발전시키고자 하였지만, 북벌을 주장하지는 않았다. 소현세자 사후 세자가 된 봉림대군(효종)이 즉위한 뒤 북벌에 나섰다.

💭 오답풀이

② 소현세자는 병자호란의 결과 청에서 8년간 인질로 생활하였다. 이때 북경에서 천주교 선교사 아담 샬 등을 만나 교류하면서 가톨릭과 서양 문물 등을 접하였다.

③ 소현세자는 심양관에 억류되어 인질 생활을 하면서 조선과 청 사이의 중재 역할을 담당하는 외교 업무를 수행하였다.

④ 소현세자는 세자빈 강씨와 함께 전쟁으로 인해 강제로 끌려온 조선인 포로들을 속환하기 위해 청과의 무역이나 둔전 경영 등에 참여하여 얻은 재력을 통해 포로들을 구출하였다.

11 　　　　　　　　　답 ③

📑 출제영역　　　　　　　조선 성종의 업적

③ 『조선경국전』은 정도전이 편찬하였다. 성종은 세조 대에 편찬되기 시작한 『경국대전』을 완성하여 반포하였다.

💭 오답풀이

① 세종 때에 설치되었던 집현전은 학술 및 국왕 자문기구의 역할을 담당하였으나 세조 대에 집현전 학자들의 모반으로 집현전을 철폐하였다. 성종은 집현전이 담당하던 학술 및 국왕 자문기구의 역할을 홍문관에 다시 부여하여 경연을 활성화했다.

② 1470년 성종 대에 현직 관리가 수조권을 과다 수취하는 현상이 생겨 관수관급제를 시행하였다. 관료의 직접적인 수조권 행사를 금지하고 관청(국가)에서 수조권 행사를 대행함으로써 관리들이 수조권을 빌미로 토지나 농민을 수탈하는 것을 불가하게 만들었다. 관수관급제 실시로 국가의 토지지배권이 강화되었다.

④ 성종은 간경도감을 폐지하고, 도첩제를 폐지하여 승려가 되는 것을 법적으로 금지시키고, 기존의 승려를 환속시키는 억불 정책을 시행하였다.

12 　　　　　　　　　답 ①

📑 출제영역　　　　　　　조선시대의 예술

① 성종 대에 성현 등이 음악의 원리와 역사·악기·무용 등을 정리한 음악이론서인 『악학궤범』을 편찬하였다.

💭 오답풀이

② 고려 말부터 유행하기 시작하여 조선 초기까지 이어진 분청사기는 소박하고 천진스러운 무늬의 조화가 특징이다. 청화 백자는 15세기 후반부터 독자적으로 제작되었다.

③ 태조 때 우리나라를 정확히 묘사한 천상열차분야지도
　가 제작되었다.
④ 고려는 사원 건축이 발달하였으며, 조선은 15세기에
　국가 주도 도시 건축 중심으로 궁궐·관아·성곽·학교 등
　이 건축되었다.

④ 1876년 강화도 조약을 시작으로 세계 각국에 문호를
　개방하면서 우편사업의 필요성이 대두됐고, 이에 따라
　1884년 우정총국이 개설되고 초대 총판으로 홍영식이
　임명되었다.

13　　답 ②

📝 출제영역　　동국여지승람

제시문에 등장하는 서거정의 동문선이 편찬된 때는 성종
때이다. 성종 때에 연혁과 풍속, 형승 등을 작성한 인문 지
리지는 동국여지승람이다.
② 동국여지승람는 성종 대에 편찬된 인문 지리지로, 군현
　의 연혁·지세·인물·풍속·교통 등을 상세 수록하여 우리
　나라 각 지역의 인문 지리적 특성을 제시하였으며, 현
　존하지는 않는다.

📄 오답풀이

① 조세 수취 자료를 수집하기 위해 각 지역의 특산물과
　지형 등을 조사한 인문지리서는 유형원이 저술한 『동
　국여지지』이다.
③ 동물, 식물, 광물, 지질 등을 기록한 농촌 생활 백과사전
　은 서유구의 『임원경제지』이다.
④ 1602년 마테오 리치와 명 학자 이지조가 함께 만든 곤
　여만국전도는 서구 중심의 과학적 지도로, 중화 세계관
　을 타파하고 세계관을 확대하기 위한 목적으로 제작되
　었다. 17세기 초 최초의 백과사전이었던 이수광의 『지
　봉유설』에서 곤여만국전도를 비롯하여 마테오 리치의
　『천주실의』 등 서구 문명을 최초로 소개하였다.

14　　답 ②

📝 출제영역　　유길준

유길준은 조사 시찰단, 보빙사의 일원으로 일본, 미국 등
을 방문하였으며 최초의 미국 유학생이었다. 이후 여러 나
라를 순방한 후 1885년에 귀국하였다가 갑신정변 주모자
들과의 친분 때문에 체포되어 연금 생활을 하였다. 제1차
갑오개혁에는 군국기무처의 일원으로 참여하였으며 국어
문법서인 <조선문전>, <서유견문>을 저술하였다.
③ <서유견문>은 1895년에 유길준이 미국 유학 중에 보
　고 배운 것을 국한문혼용체로 쓴 책으로, 20편으로 구
　성되어 있다.

📄 오답풀이

① 조일수호조약을 맺은 후 1876년에 최초의 근대적 외
　교사절단인 제1차 수신사 김기수를 파견했다.
② 제 2차 갑오개혁 내각이 구성될 때 서광범이 법부대신
　을 임명받았다.

15　　답 ②

📝 출제영역　　황성신문

해당 지문은 1905년 장지연 선생이 황성신문에 기재한
'시일야방성대곡'이다.
② 황성신문은 남궁억이 발간한 국한문혼용체의 신문이
　다. 유생층을 대상으로 하였으며 장지연의 <시일야방
　성대곡>과 <오건조약청체전말>을 게재하였다.

📄 오답풀이

① 한성순보는 1883~1884년에 발행된 우리나라 최초의
　신문이며, 박문국에서 발행하였고 순한문을 사용하였
　다.
③ 대한매일신보는 1904~1910년에 발행된 신문으로, 양
　기탁과 베델이 발행하였다. 순한글·국한문·영문 세 종
　류로 발행되었으며, 신민회 기관지로 사용되었다. 또한
　을사조약의 부당성을 알리는 고종의 친서를 발표하고,
　황무지 개간권 요구 반대 운동에도 앞장섰다.
④ 독립신문은 1886~1899년에 서재필에 의하여 창간된
　최초의 민간신문으로, 최초의 순한글판 신문이며, 띄어
　쓰기를 실시하였다.

16　　답 ①

📝 출제영역　　1910 ~ 1940년대 정치적 상황

① 회사령은 일제강점기 조선에서 회사에 관한 사항을 규
　정한 제령으로, 1910년도에 제정되어 1920년에 폐지
　되었다.

📄 오답풀이

② 국민부(1929년)와 혁신 의회(1928년)가 조직되었다.
③ 1918년도에 무오독립선언이 발표되었다.
④ 1943년 3월 1일자로 개정병역법을 시행하면서부터
　징병제를 실시하였다.

17   답 ①

📝 출제영역   박정희 정권 대의 사건

1979년 8월, YH 무역의 여성 생산직 노동자들이 회사폐업조치에 항의하여 야당인 신민당 당사에서 농성시위를 벌였다.
① 1979년 10월 부산 및 마산 지역을 중심으로 벌어진 박정희 정권의 유신 독재에 반대한 시위 사건이다.

📙 오답풀이

② 1976년 3·1 민주 구국 선언이 발표되었다.
③ 1960년 민의원과 참의원의 양원제 국회가 출범하였다.
④ 1970년 전태일이 근로 기준법 준수를 외치며 분신하였다.

18   답 ②

📝 출제영역   조미수호통상조약과 조일통상장정

(가)는 1882년 조·미수호통상조약, (나)는 1883년 조·일통상장정에 대한 설명이다.
ㄱ. 조·미수호통상조약에서는 최혜국 대우 규정을 명시하고 있다.
ㄷ. 조·일통상장정에서는 방곡령 시행에 대한 규정을 명시하였다.

📙 오답풀이

ㄴ. 조·미수호통상조약은 임오군란 이전에 체결되었다.
ㄹ. 1904년의 1차 한일협약에서 재정 고문을 두도록 하였다.

19   답 ②

📝 출제영역   조선어학회

② 조선어연구회는 1921년에 창립되었으며, 조선어 강습회를 개최하고 가갸날을 제정하였다. 1927년에 잡지 <한글>을 창간하였다.

📙 오답풀이

조선어연구회는 1931년 조선어학회로 명칭을 변경하였으며, 잡지 <한글>을 간행하였다.
① 1933년 한글 맞춤법 통일안과 표준어 제정 및 외래어 표기법 통일안을 제정하였다.
③ <우리말 큰사전> 편찬을 시도하였지만 편찬에 실패하였고 1957년에 발간되었다.
④ 1942년 조선어학회 사건에 의하여 강제 해산되었다.

20   답 ④

📝 출제영역   갑오개혁

1894년 조선 정부는 1차 갑오개혁을 추진하기 위한 기구로 군국기무처를 설치하고 개혁안을 발표하였다. 이 기구에서는 갑신정변의 개혁안과 동학 농민군의 요구를 일부 수용한 법안을 제정·공포하였다.
④ 1895년, 제 2차 갑오개혁에서 재판소를 설치하여 사법권을 독립시켰다.

📙 오답풀이

① 별기군은 1881년 4월에 창설된 우리나라 최초의 신식 군대이다.
② 조선 정부는 1883년 초기 개화 정책으로 박문국을 설치하여 한성순보를 발행하였다.
③ 1880년 통리기무아문이 설치되었다.

6회

01	④	02	①	03	③	04	③
05	②	06	③	07	②	08	②
09	④	10	①	11	②	12	②
13	②	14	②	15	①	16	①
17	①	18	③	19	①	20	④

01

답 ④

📝 **출제영역**　　　　　　　　　　옥저와 동예

(가)는 신랑 집에서 여자를 맞이하여 다 클 때까지 길러 아내로 삼는 민며느리제의 풍습이 있었던 옥저이다. (나)는 10월에 제천행사인 무천을 개최하는 동예이다.

④ 동예는 다른 읍락을 침범하면 노비, 소, 말로 배상하는 책화의 풍습이 있었다.

📖 **오답풀이**

① 삼한은 해마다 씨를 뿌리고 난 뒤인 5월(수릿날)과 가을 곡식을 거두어 들이는 10월에 계절제를 열어 제사를 지냈다.
② 단궁·과하마·반어피 등이 유명하였던 나라는 동예이다.
③ 사람이 죽으면 가매장한 뒤 뼈만 추려 가족 공동 무덤인 목곽에 안치하는 골장제의 장례 풍습이 있었던 나라는 옥저이다.

02

답 ①

📝 **출제영역**　　　　　　　　　　　　백제

제시문의 수취제도는 백제의 수취제도이다.
① 백제는 남중국에 인삼·직물류를 수출하였고, 왜에는 곡물·직물류를 수출하는 등 활발한 무역을 전개하였다.

📖 **오답풀이**

② 고구려 장수왕 때 지방에 평민층을 위한 경당을 설치하여 학문과 무예를 가르쳤다.
③ 고구려 영양왕 때 승려 혜자는 쇼토쿠 태자의 스승이 되어 일본에 문화를 전파하였다.
④ 금관가야는 낙랑과 왜를 연결하는 중계 무역이 발달하였다.

03

답 ③

📝 **출제영역**　　　　　　　　　신라 하대의 사회모습

신라 하대에 호족은 성주, 장군이라 칭하며 지역에서 실질적인 지배력을 행사하였다.

③ 신라 중대에 재위하였던 신문왕은 689년 녹읍을 폐지하였으나, 757년 경덕왕 대에 귀족들의 반발로 녹읍이 부활하였다.

📖 **오답풀이**

① 신라 하대에는 강압적인 조세 징수, 귀족들의 농민 수탈 강화 등으로 인해 원종·애노의 난(889)을 시작으로 전국적으로 농민 반란이 발생하였다.
② 진성여왕 대에 최치원은 정치·사회 개혁을 위한 시무 10조를 건의하였으나 반영되지 않았다.
④ 신라 하대에 선종이 유행하면서, 선종의 영향을 받은 승탑과 탑비가 유행하였다.

04

답 ③

📝 **출제영역**　　　　　　　　　고려 문종의 정책

9재 학당(문헌공도)을 설립하였던 최충은 문종 대에 활동하며 사학을 융성하게 하였으며 해동공자라 불리었다.
나. 문종은 한양을 남경으로 승격하여 개경을 중심으로 동경, 서경, 남경 3경에 포함하였다.
라. 문종은 관리 수의 증가와 토지 부족 문제로 인해 현직 관리만 수조권을 지급하는 경정 전시과를 실시하였다. 기존 개정 전시과에 비해 토지 지급량이 축소되어 제15과 이하로는 시지가 지급되지 않았으며, 1등급 전지를 제외한 각 등급별 토지 지급 액수도 모두 감소하였다. 또한 무반에 대한 차별 대우를 개선하였으며, 승직·지리업 종사자에게 지급하는 별사전을 지급하였고, 5품 이상 관리에게 지급하는 공음전을 신설하였다.

📖 **오답풀이**

가. 기인 제도는 태조 대에 실시되었다. 기인제도란 지방 호족의 자제를 중앙에 파견하게 한 제도로 호족 통제 정책의 일환으로 실시되었다.
다. 광종 대에 실시된 노비안검법은 불법으로 노비가 된 사람들을 양인으로 해방시켜 호족들의 경제적·군사적 기반을 약화시키기 위한 의도로 실시되었다.
마. 숙종 대에 의천의 건의로 주전도감을 설치하고, 은병(활구)·삼한통보·해동통보·동국통보 등의 화폐를 발행하였다.

05

📝 **출제영역**

무신 집권기에 법화참을 수행할 것을 주장한 인물은 요세이다.

② 천태종의 승려였던 요세는 원효의 정토사상을 계승하여 극락왕생을 주장하였다. 강진 만덕사에 법화신앙을 내세운 천태종 계통의 백련결사를 조직하였다.

📄 **오답풀이**

① 혜심은 유교와 불교는 다름이 없다 하여 유불일치를 강조하여 성리학 수용의 토대를 마련하였다.

③ 교종 중심으로 교종과 선종의 통합을 주장했던 의천은 이론의 연마와 실천을 아울러 강조하는 교관겸수를 제창하였다.

④ 의상은 화엄 사상의 요체를 210개의 그림과 글씨로 요약한 『화엄일승법계도』를 지어 화엄사상을 정비하였다. 화엄사상이란 만물은 상호 의존 관계에 있어 서로 조화를 이루고 있다는 사상이다.

06

📝 **출제영역**

제시문은 인종 대에 일어난 이자겸의 난에 관한 내용이다. 이자겸은 문벌 귀족으로 자신의 딸들을 예종과 인종에게 시집보내어 왕의 장인이자 외조부가 되어 국공의 자리에 올랐다. 자신의 집을 의친궁이라 부르고, 왕의 생일에만 붙일 수 있었던 '절(節)'을 자신의 생일에 붙여 인수절이라 칭할 정도로 권력이 막강하였다. 이자겸이 자신의 권력으로 전횡을 일삼자, 인종은 이자겸을 제거하려 시도하였다. 그러나 이자겸과 척준경의 반격으로 궁궐이 불타는 등 위기에 처하였으나, 인종의 회유로 척준경이 이자겸을 배신하여 반란을 진압하였다. 이자겸은 전라도 영광으로 유배되어 정계에서 숙청되었다.

③ 인종은 이자겸의 난 이후 실추된 왕권을 회복하기 위해 묘청의 건의를 받아들여 1128년 서경에 대화궁을 건설하였다.

📄 **오답풀이**

① 예종 대에 관학 진흥을 위해 국자감에 전문 강좌인 7재를 처음 설치하고 장학재단인 양현고를 두었다.

② 숙종은 평양에 기자를 숭배하는 기자 사당을 세워 국가에서 제사하기 시작했다.

④ 예종 대에 윤관의 활약으로 동북 9성을 축조하였으나, 관리의 어려움으로 1년여 뒤에 동북 9성을 여진에게 반환하였다.

07

📝 **출제영역**

제시문은 우왕 대에 명의 철령위 설치에 반발하여 요동 정벌을 주장하는 최영에 관한 내용이다.

② 정도전, 조준 등 급진 신진사대부와 뜻을 함께한 인물은 이성계이다. 이성계는 역성혁명을 주장하는 신진 사대부들과 함께 1392년 조선을 건국하였다.

📄 **오답풀이**

① 1388년 우왕 대에 문하시중이 되어 전횡을 일삼던 염흥방·임견미 등 이인임 일파를 제거하였다.

③ 공민왕 대인 1359년, 1361년 고려를 침입한 홍건적을 격퇴하였으며, 1376년 홍산(충남 부여)에서 왜구를 크게 격퇴하는 홍산대첩의 전공을 세우면서 이성계와 함께 신흥 무인 세력으로 성장하였다.

④ 1388년 이성계는 요동정벌을 위해 행군하던 군대를 위화도에서 회군하여 우왕을 폐위하고 최영을 유배 보낸 뒤 참수하였다.

08

📝 **출제영역**

경기도에 한해 과전을 설치하여 신진사대부에 지급한다는 내용으로 과전법임을 알 수 있다.

② 한인전은 고려의 전시과 체제에 있던 토지이다. 6품 이하의 하급 관료의 자제로 관직을 얻지 못한 자에게 지급하였다.

📄 **오답풀이**

① 권문세족의 토지를 몰수하여 조선 개국 세력이었던 신진사대부에게 과전을 지급함으로써 경제적 기반이 되었다.

③ 수신전은 죽은 관리의 아내에게 지급하였고, 휼양전은 죽은 관리와 그의 아내가 모두 사망하였을 경우 어린 자제에게 지급하였다.

④ 과전법은 일반 문무 관료들에게 관직에 따라 18등급으로 나누어 수조권을 지급하였으며, 경기 44현의 토지를 대상으로 지급하였다.

09

답 ④

출제영역 정도전

④ 정도전은 주례를 통치 이념으로 수용하여 성리학을 기반으로 조선 사회를 확립하였다. 도교 행사를 주관하던 소격서는 중종 대의 사림파로 개혁을 도모하였던 조광조가 폐지하였다.

오답풀이

① 정도전은 조선경국전에서 국가의 안정을 위해 재상 중심의 통치 체제를 확립할 것을 주장하였다.
② 정도전은 도성의 4대문인 흥인지문, 숭례문, 돈의문, 숙정문 이름을 짓는 등 한양 도성 건설에 참여하였으며, 조선의 법궁인 경복궁을 건립하는 데에도 참여하여 경복궁 근정전 등 궁궐의 이름을 지었다.
③ 태조 때 명나라가 정도전이 작성한 표전문(외교문서)이 불손하다며 정도전의 압송을 요구하자, 정도전은 요동 정벌을 계획하며 진법서인 『진도』를 편찬하고 이방원을 비롯한 왕족들이 소유하던 사병을 혁파하려 하는 등 군사력 강화를 위해 노력하였다. 그러나 이방원이 일으킨 제1차 왕자의 난으로 숙청당하면서 요동 정벌은 이루어지지 못하였다.

10

답 ①

출제영역 조선 후기 사회 모습

부계 중심으로 족보를 기재하고, 양자를 들이는 경우가 일반화되었던 때는 조선 후기이다. 조선 후기에는 부계 중심으로 족보에 선남후녀로 기재하였으며, 장자가 상속받고 가문의 제사를 지냈다.
① 신해통공(1791)은 정조 대에 채제공의 건의로 시행된 정책이다. 육의전을 제외한 일반시전이 소유하고 있던 금난전권을 폐지하여 자유로운 상업이 발전하는 계기가 되었다.

오답풀이

② 조선 후기에 대동법의 시행으로 토산물을 납부하던 것에서 쌀·포 혹은 동전으로 징수하면서 조세의 금납화가 확산되었다. 국가로부터 공가를 지급받아 토산품을 조달하는 어용상인인 공인의 등장으로 상품 화폐경제가 발달하게 되었다.
③ 조선 후기에 공명첩과 납속으로 인해 양반의 수는 늘어나고 상민과 노비의 수는 줄어들었다.
④ 조선 후기에는 부계 중심의 족보가 편찬되었고, 동성이 모여 사는 집성촌이 형성되었다.

11

답 ②

출제영역 비변사

제시문의 기구는 비변사이다. 비변사는 중종 대에 일어난 삼포왜란(1510)으로 임시기구로 처음 설치되었으며, 명종 대에 일어난 을묘왜변(1556) 때 상설화되었다. 왜구·여진 등 변방의 전쟁 업무에 대비하기 위해 설치되었던 비변사는 임진왜란 및 정묘·병자호란을 거치면서 군국 기무를 관장하였다. 의정부·6조 대신·지변사 재상이 참여하였으며, 조선 후기에 붕당 정치의 핵심 권력 기구화되었다.
② 흥선대원군은 왕권 강화를 위해 비변사를 폐지하고 의정부와 삼군부의 기능을 부활시켰다.

오답풀이

① 비변사가 강화되면서 의정부가 유명무실해졌으며, 왕권이 약화되었다.
③ 비변사는 16세기 초에 삼포왜란으로 인해 임시기구로 처음 설치되었다가, 16세기 중반에 을묘왜란으로 인해 상설 기구화되었다.
④ 왕명 출납을 담당한 국왕의 비서 기관은 승정원이다. 승정원은 국왕의 직속 기구로, 도승지 이하 6명의 승지가 6조를 각각 분담하였다.

12 　　　답 ②

📝 **출제영역**　　　조선 중기 이후 정치 상황

② 광해군을 지지하던 북인은 광해군 대에 집권하였으나, 인조반정으로 궤멸하였다. 인조반정을 주도했던 서인은 남인과 연합하여 정국을 운영하였다.

📖 **오답풀이**

① 선조 대에 사림파가 집권한 뒤 척신 잔재 청산과 이조 전랑 임명권을 둘러싸고 심의겸을 필두로 한 서인과 김효원을 필두로 한 동인으로 분화되면서 상호 비판적인 붕당 정치가 전개되었다.

③ 현종 대에는 효종의 왕위 계승에 대한 정통성과 관련하여 2차례 예송이 발생하였다. 1659년에 발생한 기해 예송은 효종 사후 자의대비의 복상 기간을 두고 서인(송시열 등)은 기년복(1년)을 주장하고 남인(윤휴 등)은 3년복을 주장하였고, 서인의 주장이 받아들여졌다. 1674년에 발생한 갑인 예송은 효종의 왕비 사후 자의대비 복상 기간을 두고 서인은 대공복(9개월)을 주장하고 남인은 기년복(1년복)을 주장하였으며, 남인의 주장이 받아들여졌다.

④ 숙종 대에 허적의 유악 사건과 삼복의 옥 등으로 남인이 축출된 경신환국(1680) 때에 서인은 남인의 처벌에 대한 강경한 입장인 노론(송시열 등)과 온건한 입장(윤증 등)으로 분화되었다. 이후 장희빈이 무당을 불러 저주를 퍼부었던 무고의 옥 사건으로 신사환국이 발생하였을 때 소론이 축출되고, 노론이 집권하였다. 연잉군을 후원하던 노론이 집권하여 우세하던 상황 속에서 경종은 소론의 후원을 받아 즉위하였다. 그러나 경종은 건강 문제와 후사 문제로 인해 연잉군을 책봉해야 했고, 이후 왕세제 대리청정 문제를 둘러싸고 소론과 노론의 갈등이 생겼다.

13 　　　답 ②

📝 **출제영역**

ㄱ. 명과 일본 사이에 휴전 협상이 진행되는 동안 조선은 중앙에는 훈련도감을, 지방에는 속오군을 조직하는 등 군사제도를 개편하였다. 훈련도감은 포수·사수·살수의 삼수병으로 구성되었고, 급료를 받는 일종의 직업군인이었다. 속오군은 평상시에 생업에 종사하다가 유사시 전쟁에 동원되는 지방군으로 양반부터 노비까지 전 계층으로 구성되었다.

ㄷ. 1597년 휴전 협상이 결렬되면서 일본군이 조선을 재침입한 정유재란이 발발하였다. 원균은 칠천량에서 일본군을 상대하였지만 크게 패배하였다. 칠천량 해전 이후 이순신은 12척의 배를 이끌고 명량(울돌목)에서 일본 수군을 격파하였다.

📖 **오답풀이**

ㄴ. 도요토미 히데요시의 죽음으로 막을 내린 임진왜란 이후 일본에서는 도쿠가와 이에야스의 에도 막부가 형성되었다. 에도 막부는 조선에 통신사 파견을 요청하였고, 조선은 비정기적으로 외교 사절인 통신사를 파견하여 선진 문화를 전파하였다.

ㄹ. 1627년 후금이 침입하는 정묘호란이 발생하자, 의병 정봉수는 용골산성을 거점으로 항전하였다.

14 　　　답 ②

📝 **출제영역**　　　2차 갑오개혁

1895년 2차 갑오개혁 당시, 고종이 종묘에서 자주독립을 천명하는 서고문을 올리며, 홍범 14조를 발표하여 향후 개혁 정책의 기본 방향을 제시하였다. 독립서고문과 홍범 14조는 가장 먼저 대외적으로 청과의 관계 단절을 통한 자주독립을 선언하였다.

② 제 2차 갑오개혁 때 8도를 폐지하고 전국을 23부로 개편했으며 그 밑에 337군을 예속시켰다.

📖 **오답풀이**

① 통리기무아문은 개화 정책 추진기인 1880년 설립되었다.

③ 1차 갑오개혁 때 청의 연호를 쓰지 않고 개국기년을 사용하도록 하였다.

④ 1차 갑오개혁 때 공사 노비법을 혁파하고 과부의 재가를 허용하였다.

15　답 ①

📝 **출제영역**　아관파천

명성황후가 시해된 을미사변 이후 신변에 위협을 느낀 고종과 왕세자가 1896년 2월 11일부터 약 1년간 조선의 왕궁을 떠나 러시아 공사관에 옮겨 거처하였다.
① 을미사변 이후 고종이 신변을 위협을 느껴 고종을 러시아 공사관으로 옮기고자 하였다.

📄 **오답풀이**

② 1899년 광무개혁 당시 고종이 군통수권을 장악하기 위해 원수부를 설치하였다.
③ 1904년 러일전쟁이 발발하였다.
④ 1907년 일본이 대한제국의 내정과 군대를 장악하기 위해 불평등 조약인 한일신협약을 체결하였다.(정미7조약)

16　답 ①

📝 **출제영역**　박정희 정부

① 1965년 박정희 정부 당시 베트남 추가 파병에 대한 대가로 대한민국과 미합중국 정부 간에 AID 차관 협정을 체결하였다.

📄 **오답풀이**

② 2007년 노무현 정부 때 미국과 자유 무역 협정(FTA)을 체결하였다.
③ 전두환 정부 시기에 국제적으로 나타난 저유가, 저금리, 저달러의 영향으로 인해 3저 호황으로 물가가 안정되고 수출이 증가하였다.
④ 1993년 김영삼 정부 시기에 긴급명령권 발동으로 금융실명제가 실시되었다.

17　답 ①

📝 **출제영역**　손진태

① 손진태는 식민사관에 앞장선 조선사편수회, 청구학회에 맞서 실증주의 사학을 통해 일본의 식민사관에 저항하기 위해 진단학회를 창립하였다.

📄 **오답풀이**

② 백남운은 마르크스 유물사관을 바탕으로 한국사를 연구하였다.
③ 조만식은 평양에서 조선 물산 장려회 발기인 대회를 개최하였다.
④ 박은식은 실천적인 유교 정신을 강조하는 유교구신론을 저술하였다.

18　답 ③

📝 **출제영역**　헤이그 특사

1907년 고종은 네덜란드 헤이그에 특사를 파견하여 을사늑약이 대한제국 황제의 뜻에 반하여 일본 제국의 강압으로 이루어진 것임을 폭로하고 을사늑약을 파기하고자 하였다.
③ 1905년 일본이 한국의 외교권을 박탈하기 위해 강제로 을사늑약을 체결하고 1906년 통감부를 설치하였다.

📄 **오답풀이**

① 헤이그 특사 이후 고종이 강제로 퇴위되었다.
② 1910년 초대 총독으로 데라우치가 부임하였다.
④ 1909년 기유각서를 통해 일제에 사법권과 교도 행정권을 박탈당하였다.

19　답 ①

📝 **출제영역**　조선 혁명군

① 조선 혁명군은 총사령관 양세봉의 지휘 아래 항일 투쟁을 전개하였으며, 중국 의용군과 연합하여 영릉가, 흥경성 등지에서 일본군을 격퇴하였다.

📄 **오답풀이**

② 조선 의용대는 호가장 전투에서 활약하였다.
③ 한국 독립군은 대전자령 전투에서 큰 전과를 올렸다.
④ 서일을 총재로 조직된 대한독립군단에 대한 설명이다.

20　답 ④

📝 **출제영역**　민족 말살 통치 시기의 모습

1910년대 무단 통치 시기, 1920년대 문화 통치 시기, 1930년대부터는 민족 말살 통치 시기로 분류한다. 지문은 국가총동원법으로, 1938년대에 시행되었으므로 민족 말살 통치 시기의 설명을 골라야 한다.
④ 1934년 공업원료확보를 위해 남면북양 정책이 실시되었다.

📄 **오답풀이**

① 1941년 민족말국민학교령에 의해 '황국신민을 양성한다.'는 뜻이 담긴 국민학교로 명칭이 변경되었다.
② 민족말살통치 시기에 친일 지식인들이 징병제를 찬양하였다.
③ 1939년 일본은 본격적으로 전쟁을 시작하면서 국민징용령을 실시하여 노동력을 착취하였다.

7회

01	④	02	②	03	①	04	③
05	④	06	③	07	①	08	②
09	③	10	①	11	②	12	①
13	④	14	③	15	①	16	①
17	④	18	①	19	②	20	①

01 　답 ④

📝 **출제영역**　　삼국의 대외 전쟁 순서

ㄷ. 고구려 영양왕 대(600)에 이문진이 『신집』 5권을 편찬하였다.

ㄱ. 영양왕 대에 수 양제가 2차 침입을 하자, 612년 을지문덕이 살수에서 수나라 군대를 물리쳤다.

ㄹ. 보장왕 대에 당 태종이 연개소문의 정변을 구실로 고구려를 침입하여 개모성, 비사성, 요동성 등이 함락하였다. 645년 고립무원의 상태에 빠진 안시성은 당의 공격을 이겨내어 승리하였다.

ㄴ. 신라 진덕여왕 대(648)에 김춘추의 활약으로 나·당동맹이 결성되었다.

02 　답 ②

📝 **출제영역**　　신라 법흥왕의 업적

ㄱ. 신라 법흥왕 때(532) 금관가야의 마지막 왕인 김구해가 항복하면서 금관가야가 신라에 병합되었다.

ㄷ. 법흥왕은 백관의 공복을 정비하여 17관등으로 관료를 등급화하고, 율령을 반포하는 등 국가 통치 체제를 정비하였다.

📒 **오답풀이**

ㄴ. 진흥왕은 영토를 확장하고 순수비를 세웠다. 한강 유역으로 진출한 뒤 북한산비를 세우고, 비화가야를 합병한 뒤 창녕비를, 함경도에 진출한 뒤 황초령비·마운령비를 세웠다.

ㄹ. 지증왕 때 이사부가 우산국을 정벌하여 복속하였다.

03 　답 ①

📝 **출제영역**　　고려의 건축 문화

① 1377년 우왕 때에 청주 흥덕사에서 백운화상이 저술한 직지심체요절이 간행되었다. 현존 최고(最古)의 금속 활판으로 프랑스 국립 도서관에 보관되어 있다. 상정고금예문은 1234년 최우가 집권하던 때에 인쇄되었다. 현존하지 않으며 이규보의 동국이상국집에 인쇄하였다는 기록이 남아있다.

📒 **오답풀이**

② 예산 수덕사 대웅전은 백제 사찰 양식을 계승하여 건축되었다.

③ 개성 경천사에는 원의 영향을 받은 경천사지 10층 석탑이 세워졌다.

④ 안동 봉정사 극락전은 현존하는 최고(最古)의 목조건축물로 주심포 양식으로 건축되었다.

04 　답 ③

📝 **출제영역**　　신라 장보고의 활동

③ 장보고는 교역사절단으로 당에 견당매물사를, 일본에 회역사를 파견하였다.

📒 **오답풀이**

① 흥덕왕 대에 장보고는 완도에 청해진을 설치하여 해상권을 장악하였다.

② 장보고는 김우징을 후원하여 그를 신무왕으로 즉위시켰다.

④ 장보고는 산둥반도에 법화원을 건립하였으며, 법화원과 관련된 이야기는 일본 승려 엔닌이 저술한 『입당구법순례행기』에 기록되어 있다.

05 답 ④

④ 대식국인이라 불리던 아라비아 상인은 주로 국제무역 항인 벽란도를 거쳐 고려와 교역하였다. 고려는 아라비아 상인으로부터 수은·향료·산호 등을 수입하였으며, 이들을 통해 'Coree'로 서방 세계에 알려졌다.

💬 오답풀이

① 고려는 거란·고려와의 무역을 위해 의주 지역에 각장을 설치하였고, 은·모피·말 등을 수입하고 식량·농기구 등을 수출하였다.
② 목화는 공민왕 대에 문익점이 원나라에서 처음 수입해 왔다.
③ 일본은 11세기 후반부터 내왕하였으며, 정식 국교는 맺지 않았다. 금주(지금의 김해)를 통해서 교역하였으며 주로 유황·수은을 수입하였고, 식량·인삼·서적 등을 수출하였다.

06 답 ③

복원궁은 고려 예종 대(재위 1105~1122)에 세워진 최초의 도교 사원이다.
③ 예종은 향리 견제를 위해 지방관이 없는 속현·향·부곡·소에 감무를 파견하기 시작하였다.

💬 오답풀이

① 공민왕은 1366년 신돈을 등용하여 권문세족의 토지와 노비 몰수를 위한 전민변정도감을 설치하였다.
② 고려 성종 대에 최승로가 유교 정치이념을 바탕으로 한 시무 28조의 개혁안을 제시하였다. 성종은 그의 건의를 받아들여 12목을 설치하고 최초로 지방관을 파견하였다. 지방 세력을 견제하기 위한 향리(향직) 제도를 마련하고, 노비환천법, 광종 때 숙청된 공신 세력을 포용하여 공신 자제를 등용할 것과 연등회·팔관회 폐지를 건의하였다.
④ 1086년 선종 대에 의천은 교장도감을 설치하고, 초조대장경을 보완하고자 우리나라와 송, 요, 일본의 불교 자료를 모아 『신편제종교장총록』을 편찬(1090)하였다.

07 답 ①

① 고려 대에는 남귀여가혼으로, 친영제도는 조선 후기의 혼인 풍습이다. 남귀여가혼이란 신랑이 신부 집에 가서 혼례를 치르고 신부집에서 혼인 생활을 시작하는 처가살이를 의미한다. 친영제도는 신랑이 신부 집으로 가서 신부를 맞이한 뒤 신랑 집으로 데려와 혼례를 치른 후 신랑 집에서 혼인 생활을 시작하는 혼인제도이다.

💬 오답풀이

② 고려의 여성은 호주가 가능하였으며, 재가도 허용되었다. 자녀 균등 상속으로 여성도 상속을 받았으며 호적에 연령순으로 기재되었다. 또한 사위와 외손자도 음서의 혜택을 볼 수 있었다.
③ 고려는 실제로 형벌을 집행하는 실형주의 원칙으로 태·장·도·유·사형 다섯 종류의 형벌 체제였다.
④ 향도는 매향 활동을 하는 불교의 무리에 기원을 두고 있다. 고려 전기에는 불교 신앙조직이었던 향도가 후기에는 마을 노역, 혼례·상장례, 제사 등을 주관하는 마을 공동체 조직으로 변화하여 상호부조적 역할을 하였다.

08 답 ②

제시문에서 종친의 근친혼을 금지하고 왕실과 혼인할 수 있는 재상지종 15가문을 지정한 왕은 충선왕이다.
② 충선왕은 사림원을 설치하여 개혁을 시도하였다.

💬 오답풀이

① 충렬왕 대에 안향의 건의로 유학의 진흥을 위해 국학생들의 학비를 보조하는 장학재단인 섬학전을 설치하였다.
③ 공민왕은 1356년 쌍성총관부를 수복하여 영토를 확장하였다.
④ 공민왕은 반원 자주정책의 일환으로 기철 등 친원파를 숙청하고, 고려에 내정 간섭을 하던 정동행성이문소를 혁파하였다. 또한 관제를 복구하고 몽골풍을 폐지하였다.

09   답 ③

📝 출제영역   `정여립`

제시문에서 이이의 문하생이었으나 이이를 배신하고 공격하였다고 비판하는 내용을 통해 선조 대의 정여립임을 알 수 있다. 정여립은 본래 이이와 성혼의 문하에 들어가 서인에 속하였으나, 이이가 사망한 뒤 동인으로 전향하여 서인의 영수였던 이이는 물론 성혼, 박순 등을 비판하였다.
③ 정여립의 모반 사건으로 정여립이 속해있던 동인이 서인에 의해 대규모 숙청당하는 기축옥사가 발생하였다.

💬 오답풀이

① 중종 대에 조광조는 사림 등용과 개혁 정치를 위해 훈구파의 세력을 약화시키기 위한 위훈삭제를 감행하여 훈구파의 반발을 샀다. 훈구파가 조작한 주초위왕 사건으로 조광조와 사림세력이 숙청당한 기묘사화가 발생하였다.
② 허균은 최초의 한글 소설인 『홍길동전』을 저술하였다.
④ 류성룡은 임진왜란 중에 훈련도감과 속오군 설치를 건의하였다. 훈련도감은 포수·사수·살수의 삼수병으로 구성되었고, 급료를 받는 일종의 직업군인이었다. 속오군은 평상시에 생업에 종사하다가 유사시 전쟁에 동원되는 지방군으로 양반부터 노비까지 전 계층으로 구성되었다.

10   답 ①

📝 출제영역   `조선 태종의 업적`

제시문은 6조 직계제에 관한 내용으로 태종 대의 사실이다.
① 조선 문종 대에 김종서의 주도로 고조선~고려까지 다른 민족과의 전쟁·전란사를 다룬 『동국병감』이 편찬되었다.

💬 오답풀이

② 태종 대에 사섬서에서 저화를 발행하였다.
③ 태종은 16세 이상 노비를 포함한 모든 남자에게 호패를 착용하게 하는 호패법을 실시하였다.
④ 태종은 사병을 혁파하여 군사권을 장악함으로써 왕권을 강화하였다.

11   답 ②

📝 출제영역   `조선의 군역·군사 제도`

ㄱ. 태종 때 설치된 잡색군은 농민을 제외하고 서리·잡학인·신량역천인·노비로 구성되어 유사시에만 동원되었다.
ㄴ. 세조 대에 정비된 진관체제는 지방 군사 요충지에 진관을 설치하여 수령의 지휘 하에 지역 단위로 방어하는 체제로, 소규모 침입을 대비하는데 효율적인 체제였다.
ㄹ. 1750년 영조는 균역법을 시행하여 1년에 군포 2필을 1필로 감하고, 부족한 재정을 어세·염세·선세·선무군관포 등 다른 세금으로 충당하였다. 선무군관포는 일부 부유 상민층을 선무군관으로 편성하여 1년에 군포 1필씩 징수하였다.
ㄷ. 흥선대원군은 호 단위로 군포를 징수하고, 군포를 양반에게도 징수하는 호포제를 실시하였다.

12   답 ①

📝 출제영역   `조선의 건축 문화`

ㄱ. 15세기에는 조선 왕조 개창에 따라 국가 주도로 도시를 건축하는데 중점을 두고, 성문·궁궐·관아·학교 등을 건축하였다. 대표적으로 경복궁, 숭례문, 창경궁 명정전, 창덕궁 돈화문 등이 있다.
ㄹ. 18세기 정조 대에 왕권 강화를 위해 수원에 화성이 건축되었다. 또한 부농·상인의 지원으로 논산 쌍계사, 부안 개암사, 안성 석남사 등 장식성이 강한 사찰이 건축되었다.

💬 오답풀이

ㄴ. 16세기에는 경주의 옥산 서원, 안동의 도산 서원 등 서원 건축이 중심이 되었다.
ㄷ. 17세기에 양반·지주층의 지원으로 불교 건축을 지원하였는데, 거대 규모와 다층 구조로 지어진 것이 특징이다. 대표적으로 금산사 미륵전, 화엄사 각황전, 법주사 팔상전이 있다. 법주사 팔상전의 경우 조선의 유일한 5층 목탑이라는 특징이 있다.

13 답 ④

📝 **출제영역**   정약용과 그의 저서

제시문은 마을 단위로 공동 노동하고 경작하는 여전론에 대한 내용으로, 정약용의 주장이다.
④ 『경세유표』는 중앙정치에 관한 제도와 법규 개혁에 관해 저술하였다.

📋 **오답풀이**

① 『목민심서』는 지방관의 도리를 담은 행정지침서이다.
② 『마과회통』은 마진(홍역) 관련 의학서로, 종두법을 소개하였다.
③ 『흠흠신서』는 형옥 관련 법률서적으로, 사법 제도 운영에 관해 저술하였다.

14 답 ③

📝 **출제영역**   1860 ~ 1890년대 사실

1864년 동학 교주인 최제우를 처형하였으며, 1895년도에 명성왕후 시해 사건인 을미사변이 발생하였다.
③ 활빈당은 1900~1905년 집중적으로 활동한 화적집단으로, 1900년 대한사민논설 13조를 발표하였다.

📋 **오답풀이**

① 1895년 일본이 청에게 요동 반도를 돌려주는 삼국간섭이 발생하였다.
② 오페르트는 통상요구가 거절되자 2년 후인 1868년도에 남연군 묘 도굴을 시도하였다.
④ 1892년 삼례읍 일대에서 교조의 신원, 동학교도에 대한 탄압 중지를 요구한 집회가 개최되었다.

15 답 ①

📝 **출제영역**   1919 ~ 1924년 사이 역사적 사실

(가) 고종의 인산일인 1919년 3월 3일에 앞서 한국인들이 일제의 지배에 항거하여 3월 1일 독립을 선언하고 비폭력 만세운동을 시작하였다.
(나) 김지섭은 1924년 1월 5일 일본 궁성 앞에서 폭탄을 투척하는 의거를 일으켰다.
① 국민대표회의는 상하이에서 1923년 1월부터 6월에 이르는 장기간에 걸쳐 진행되었다.

📋 **오답풀이**

② 1907년 정미7조약을 통하여 통감이 추천한 일본인을 대한제국의 관리로 임명하도록 하였다.
③ 1926년 6월 10일 순종의 장례식 날에 만세사건이 발생하였다.

④ 1932년 의열단 단장 김원봉이 중국 장개석의 지원으로 독립운동 군사간부를 양성하기 위하여 조선혁명간부학교를 설립하였다.

16 답 ①

📝 **출제영역**   을사늑약 이후 사실

제시문의 "일본이 러시아에 선전 포고한 이후", "조약서가 다행히 폐하의 인준과 참정의 인가를 받은 것이 아니니" 등의 단어를 통해서 1905년 을사늑약임을 알 수 있다.
① 통감부는 을사늑약 이후에 설치되었다.

📋 **오답풀이**

② 고종은 벨기에 고문과 영국, 미국, 프랑스, 독일어학교 등의 외국어 교사들과 연합하여 러·일전쟁 발발 이전 1904년 1월 21일 국외중립을 선언하였다.
③ 일본은 1897년 경인선 부설권을 인수하였다.
④ 1903년 러시아가 용암포를 점령하고 조차를 요구하였다. 하지만 영·일의 반대로 실패하였다.

17 답 ④

📝 **출제영역**   부산 지역의 민족운동

제시문의 한국전쟁기 임시수도 시절에 대통령관저로 사용되었다는 내용을 통해서 부산 지역임을 알 수 있다.
④ 1920년 9월 14일, 의열단원 박재혁이 부산경찰서에 들어가 경찰서장 하시모토 슈헤이에게 폭탄을 던져 의거를 일으켰다.

📋 **오답풀이**

① 물산장려운동은 평양에서 조만식에 의하여 시작되었다.
② 경상남도 진주에서 회원 80여명이 1923년 4월 24일에 조선형평사를 창립하였다.
③ 1919년 강우규가 서울역에서 제3대 조선 총독으로 부임해 오던 사이토를 암살하려 하였다.

18
답 ①

📝 **출제영역** `1876년 ~ 1881년 사이 역사적 사실`

(가)는 1876년 1차 수신사, (나)는 1881년 조사시찰단에 대한 설명이다.
① 1880년에 조선책략이 소개되어 개화정책에 영향을 주었다.

📕 **오답풀이**

② 1883년 미국과의 조약 체결로 보빙사가 파견되었다.
③ 1875년 운요호가 강화도와 영종도를 무단 침입하였다.
④ 1895년 교원 양성을 위해 한성 사범 학교가 설립되었다.

19
답 ②

📝 **출제영역** `김원봉의 활동`

김원봉은 개발투쟁의 한계를 인식하고 1932년 간부양성을 위한 조선혁명 간부학교를 설립하였다.
② 김원봉이 민족 혁명당 창당을 주도하였다.

📕 **오답풀이**

① 1923년 의열단원 김상옥이 종로경찰서에 폭탄을 투척하였다.
③ 명동성당에서 벨기에 황제 추도식을 마치고 나오는 이완용을 이재명이 인력거 위로 올라가 칼로 습격하여 중상을 입혔다.
④ 1940년 김두봉이 조선 독립연맹의 주석으로 추대되었다.

20
답 ①

📝 **출제영역** `김영삼 정부 대의 사실`

총독부 건물의 철거는 김영삼 정부 때 이루어졌다.
① 김영삼 정부시기에 경제 협력 개발 기구(OECD)에 가입하였다.

📕 **오답풀이**

② 김대중 정부 시기에 최초의 여야정권 교체를 이루었다.
③ 2005년 노무현 정부 시기에 양성평등의 실현을 위해 호주제가 폐지되었다.
④ 1987년 전두환 정부 시기에 5년 단임의 대통령 직선제 개헌안이 통과되었다.

8회

01	④	02	④	03	④	04	②
05	②	06	③	07	②	08	②
09	①	10	④	11	②	12	④
13	④	14	②	15	③	16	②
17	④	18	②	19	①	20	④

01
답 ④

📝 **출제영역** `청동기 시대`

많은 노동력을 동원하여 만드는 지배층의 무덤으로 세계에서 가장 많이 분포되어 있는 유네스코 세계유산은 청동기 시대의 고인돌이다.
④ 청동기 시대에는 밭농사가 중심이었지만 일부 저습지에서 벼농사를 지었다. 신석기 시대보다 발달된 석제 농기구를 이용하여 농사를 지어 농업 생산력이 이전보다 증대되었다.

📕 **오답풀이**

① 청동기 시대에는 벼농사가 시작되었으며, 반달돌칼을 사용하여 벼를 수확하였다.
② 청동기 시대에는 농기구의 발달로 농업 생산력이 증가하여 잉여생산물이 발생하였고, 힘이 있는 자가 개인적으로 소유하면서 사유재산과 빈부격차가 발생하였다. 이에 따라 사회분화가 일어나 계급 사회가 형성되었다.
③ 청동기·철기 시대부터 움집이 점차 지상 가옥으로 변화하였다.

02   답 ④

📝 **출제영역**   고구려 소수림왕 이후의 사실

중앙 교육기관인 태학을 설립하고 율령을 반포하여 국가 체제를 정비한 왕은 고구려의 소수림왕(재위 371~384)이다.

④ 고구려 광개토대왕은 396년 남진하여 백제를 공격하여 한강 이북을 차지하였으며, 이 때 백제 아신왕에게 영원한 노객이 되겠다는 항복을 받고 아신왕의 동생과 대신들을 인질로 잡았다.

🔖 **오답풀이**

① 백제 근초고왕 대에 고흥이 『서기』를 편찬하였다.

② 3세기 백제 고이왕 때 6좌평과 16관등제 관제가 정비되었다.

③ 고구려 고국원왕은 371년 백제 근초고왕의 침입으로 평양성에서 전사하고 황해도 일대를 빼앗겼다.

03   답 ④

📝 **출제영역**   신라 법흥왕 대 ~ 백제 의자왕 대 사실

(가)는 427년 장수왕 대이고, (나)는 6세기 초반 법흥왕 대이고, (라)는 642년 백제 의자왕 대이다.

④ 648년 진덕여왕 대에 김춘추의 활약으로 나·당동맹이 결성되었다.

🔖 **오답풀이**

① 백제 성왕은 538년에 사비로 천도하고, 국호를 남부여로 개칭하였다.

② 신라 진흥왕 때인 566년 황룡사를 건립하였다.

③ 신라 진흥왕 대인 562년에 사다함과 이사부의 활약으로 대가야를 멸망시켰다.

04   답 ②

📝 **출제영역**

② 광개토대왕은 내물왕의 요청으로 군대를 보내 신라에 침입한 왜를 물리쳤다.

🔖 **오답풀이**

① 415년 장수왕은 광개토대왕의 업적을 기념하기 위해 호우명 그릇을 제작하였다.

③ 장수왕은 427년 평양으로 천도하고 남진정책을 펼쳐 한성을 함락시키고 백제 개로왕을 죽여 한강 유역을 차지하였다.

④ 발해 선왕 대에 말갈 대부분을 복속하고 요동으로 진출하였다.

05   답 ②

📝 **출제영역**   서원

㉠은 조선 중종 대에 주세붕이 처음 세운 서원이다. 주세붕은 1543년 고려에 성리학을 처음으로 소개한 안향이 살던 경상도 순흥면의 백운동에 그를 기리기 위해 사당을 세우고 자제들의 교육 장소로 삼고자 백운동 서원을 건립하였다. 주세붕의 백운동 서원은 명종 대에 이황의 건의로 소수서원으로 사액되어 국가로부터 서적과 토지·노비 등을 받고 면세와 면역 특권을 받았다.

② 16세기 후반 사림은 학설과 지역 차이, 서원 중심으로 학파가 형성되었다. 서원은 학파와 붕당을 결속시키는 구심점이 되었다.

🔖 **오답풀이**

① 서울에 서학, 동학, 남학, 중학이 설치된 교육기관은 4부 학당으로, 중등 교육을 담당하였다. 양인 이상 입학 가능하였고, 생원·진사시를 준비하였다.

③ 향교는 지방의 초·중등 교육을 담당하였고, 전국의 부·목·군·현에 설립되어 중앙에서 교수·훈도를 파견하였으며, 군현의 규모에 따라 정원을 정하였다. 성현에 제사 지내고, 지방민을 교화하는 것을 목적으로 설치되었다.

④ 향교에 입학한 학생들은 학업 중 군역이 면제되었으나, 성적 미달로 자격이 박탈될 경우 군역을 지도록 하였다.

06   답 ③

📝 **출제영역**   고려 성리학의 수용

③ 충렬왕 때 안향이 고려에 처음 성리학을 소개하였다. 성리학은 인간의 심성과 우주의 원리 문제를 이기론에 의거하여 철학적으로 규명하려는 신유학이다.

🔖 **오답풀이**

① 이제현은 성리학적 유교 사관이 반영된 『사략』을 저술하였다.

② 정주 성리학을 정립한 이색은 정몽주, 권근, 정도전 등을 가르쳐 성리학을 더욱 확산시켰다. 성리학을 공부한 정몽주, 권근, 정도전 등은 신진사대부를 형성하여 권문세족과 불교의 폐단을 비판하고, 『소학』, 『주자가례』를 중시하여 개혁적이고 실천적인 유학을 추구하였다.

④ 충선왕 때 이제현은 백이정 등과 함께 만권당에서 원의 학자들과 교류하면서 성리학에 대한 이해를 심화하였다.

07   답 ②

📝 **출제영역**   권문세족

원간섭기에 농장을 확대하고 양민을 노비로 삼는 등 수탈한 지배계층은 권문세족이다.

② 기존의 문벌 귀족들과 무신 집권기에 성장한 가문, 원과의 관계에서 성장한 친원 세력들이 권문세족이 되었다. 이들은 도당(도평의사사)과 인사권을 가지고 있었던 정방을 장악하였다.

📑 **[오답풀이]**

① 음서와 공음전으로 세력 기반을 유지하였던 세력은 문벌귀족이다. 권문세족은 음서제를 활용하여 정계에 진출하고, 경제적으로는 대농장을 소유하고, 토지 겸병을 통해 토지를 확대시켜가나는 방식으로 그 기반을 유지하였다.

③ 근거지에 성을 쌓고 군대를 보유하며 스스로 성주라 하였던 세력은 신라 하대에 등장한 호족이다.

④ 공민왕은 성리학을 기반으로 과거 시험을 정비하였다. 이때, 과거 시험을 통해 등용되었던 세력은 신진사대부이다.

08   답 ②

📝 **출제영역**   이황, 이이

② 이황은 명종에게 주청하여 중종 대에 주세붕이 처음 건립한 안향을 모시는 백운동 서원에 소수서원이라는 편액을 하사받았다. 이에 따라 주세붕의 백운동 서원은 국가로부터 서적과 토지·노비 등을 받고 면세와 면역 특권을 받았다.

📑 **오답풀이**

① 10만 양병설, 수미법 등 사회개혁론을 제시한 인물은 개혁적이고 실천적 경향을 가지고 있었던 이이이다.

③ 학문의 실천성을 강조하여 경과 의를 강조하였고, 서리망국론을 주장한 인물은 조식이다.

④ 이황은 향촌 사회의 도덕적 질서를 안정시키기 위해 예안향약을 만들었다.

09   답 ①

📝 **출제영역**   과전법 ~ 직전법 폐지

① 권문세족의 토지 겸병과 대토지 소유로 인한 세력 증대와 국가 재정 문제를 해결하기 위해 위화도 회군 후 정권을 장악한 신진사대부는 1391년(공양왕) 과전법을 시행하였다. 과전법은 경기 지역의 토지 수조권을 재분배하였으며, 신진사대부의 경제적 기반을 마련하기 위해 실시되었다. 과전법은 전·현직 관리에게 수조권을 지급하고, 죽거나 반역 시 반납하는 것이 원칙이었다. 그러나 수신전, 휼양전이 있어 관리가 죽거나 관리와 아내가 죽을 경우 아내와 자식에게 세습되었다.

📑 **오답풀이**

② 1466년 세조 대에 들어 경기도 과전의 부족 문제로 인해 현직 관리에게만 지급하는 직전법을 시행하고, 가족에게 세습되는 수신전과 휼양전을 폐지하였다.

③ 1470년 성종 대에 현직 관리가 수조권을 과다 수취하는 현상이 생겨 관수관급제를 시행하였다. 관료의 직접적인 수조권 행사를 금지하고 관청(국가)에서 수조권 행사를 대행함으로써 관리들이 수조권을 빌미로 토지나 농민을 수탈하는 것을 불가하게 만든 것이었다. 또한 관수관급제로 국가의 토지지배권이 강화되었다.

④ 1556년 명종 대에 거듭되는 흉년과 왜구의 침입으로 인한 국가 재정 부족으로 수조권 지급에 어려움이 생기자 직전제를 폐지하고 오직 녹봉만 지급하는 녹봉제를 전면 실시하였다. 이로써 관리에게 지급하는 수조권 개념이 사라져 전주 전객제가 소멸하였다. 관리들은 토지 소유에 대한 욕심이 심화되었고, 지주전호제·병작반수제 등이 확산되어 토지를 소유하기 어려웠던 농민 대부분이 소작농으로 전락하였다.

10   답 ④

📝 출제영역   신숙주

제시문의 책은 신숙주가 저술한 『해동제국기』이다. 신숙주는 세종 대인 1443년 서장관으로 일본에 다녀온 뒤, 성종 대인 1471년 왕명을 받아 일본의 정치·외교·사회·풍속·지리 등을 정리하여 『해동제국기』를 편찬하였다.
④ 신숙주는 세조의 명을 받아 『경국대전』 편찬에 참여하였다. 『조선경국전』은 정도전이 편찬한 최초의 사찬 법전이다.

📙 오답풀이

① 신숙주는 세종 대에 설치된 집현전 출신 학자로, 성종 대에 일본에 다녀온 경험을 토대로 『해동제국기』를 편찬하였다.
② 신숙주는 세종 대에 집현전 학자로 재직하였을 때, 성삼문 등과 함께 훈민정음 창제에 참여하여 큰 공을 세웠다.
③ 신숙주는 1453년 수양대군이 한명회, 권람 등과 계유정난의 거사를 모의할 때 참여하여 김종서, 황보인 등을 제거하는 데 동참하였고, 정난 2등 공신에 책봉되었다.

11   답 ②

📝 출제영역   조선 후기 상공업 발전

② 중강후시나 책문후시를 통해 청과의 사무역에 종사하였던 상인은 의주의 만상이다. 한강에서 활동한 경강상인은 운송업에 종사하며 선박 제작에 참여하였다. 한강과 서남해안을 통해 미곡·소금·어물 등을 거래하였다.

📙 오답풀이

① 17세기 이후 일본과의 국교가 정상화되면서 동래의 내상은 왜관 개시·후시를 통해 무역하였다. 인삼·쌀·무명 등을 수출하고 은·구리·황·후추 등을 수입하면서 거상으로 성장하기도 하였다.
③ 송상은 개성을 근거지로 하여 전국에 송방이라는 지점을 설치하고, 인삼을 재배하고 판매하였다.
④ 보부상은 농촌 장시를 하나의 유통망으로 연계하는 행상이었다. 보부상 조직인 보부상단의 본부인 임방(부상청)을 두어, 임방이 보부상의 상행위를 허가하였다.

12   답 ④

📝 출제영역   윤휴

제시문에서 주자의 학문 해석과 다르게 성리학을 상대화함으로써 서인에 의해 사문난적으로 몰렸던 인물은 남인 출신의 윤휴이다.
④ 18세기 초 정제두가 양명학을 체계적으로 연구하여 강화도를 중심으로 강화학파로 발전시켰다. 정제두는 일반민을 도덕 실천의 주체로 인정하고, 양반 신분제의 폐지를 주장하고, 주자학을 비판하였다. 이후 집안의 후손과 인척 중심으로 가학(家學) 형태로 계승되었다.

📙 오답풀이

① 윤휴는 숙종 대에 북벌을 주장하였다. 당시 오삼계의 반란 등으로 청나라 내부 정치가 어수선함을 기회로 북벌을 주장하였다. 그는 오군영 위에 오체찰사부를 설치하여 병력 지휘 체계를 통합하여 북벌에 대비할 군사 체계를 만들고자 하였다.
② 주자학의 절대성을 부정하여 송시열의 비판을 받았다.
③ 1674년 효종비 사후에 자의대비의 복상 기간을 두고 벌어진 갑인예송에서 윤휴(남인)는 오례 기준으로 왕자사서부동례에 따라 기년복(1년복)을 주장하여 수용되었다.

13   답 ④

📝 출제영역   조선 후기 서학

④ 최초의 한국인 신부인 김대건은 1845년 8월 상해 진쟈상 성당에서 사제로 서품된 뒤 조선에 귀국하여 용인 일대에서 선교활동에 힘쓰다 다음해 순교하였다. 이승훈은 최초의 천주교 세례를 받은 신도이다.

📙 오답풀이

① 1801년 순조 대에 발생한 신유사옥은 시파와 벽파의 당쟁이 종교탄압으로 발전한 사건이었다. 순조가 즉위한 뒤 수렴청정하는 대왕대비의 벽파 세력이 집권하면서 남인·시파를 억압하려 하였는데, 남인·시파에 천주교도가 많아 종교탄압으로 발전하였다. 신유사옥으로 우리나라 최초로 영세를 받았던 이승훈을 비롯하여 정약용의 셋째 형인 정약종 등이 처형되었고, 정약용과 둘째 형인 정약전은 유배형에 처해졌다.
② 헌종 대인 1839년 오가작통법을 악용하여 천주교도를 박해한 기해박해가 일어났다. 오가작통법이란 다섯 집을 1통으로 하고, 5통을 1리로 하여 통주가 관장하는 제도이다.
③ 1785년 안정복은 유교적 입장에서 문답 형식으로 천주교를 비판하는 『천학문답』을 저술하였다.

14 답 ②

📝 출제영역 광무개혁과 대한제국

제시문의 "구본신참", "원수부" 등의 단어를 통해서 광무 개혁임을 알 수 있다.
② 1897년 대한제국시기에 탑골공원 조성이 이루어졌다.

오답풀이

① 개화정책 추진기 때 5군영에서 2영으로 군제를 개편하였다.
③ 광무개혁 이전에 박문국을 설치하여 한성순보를 발행하였다.
④ 2차 갑오개혁 시기에 개혁의 방향을 제시한 홍범 14조를 반포하였다.

15 답 ③

📝 출제영역 최익현

최익현은 흥선대원군을 앞장서서 탄핵하였다.
③ 최익현은 을사의병을 이끌다가 순창에서 잡혀 대마도로 끌려가 단식하다 순국했다.

오답풀이

① 1905년, 3대 교주 손병희가 동학을 종교화하여 '천도교'라는 이름으로 개편하였다.
② 각 도의 의병 부대는 이인영을 13도 창의 대장으로 추대하고 13도 창의군을 편성하여 서울진공작전을 전개하였다.
④ 민영환은 을사조약이 체결되자 유서를 남기고 자결하였다.

16 답 ②

📝 출제영역 현대의 역사적 사실

ㄱ. 노태우 대통령은 1988년 민족자존과 통일 번영을 위한 7.7 선언을 발표하였다.
ㄴ. 1985년 전두환 정부 시기에 남북 이산가족 상봉 행사를 처음으로 개최하였다.
ㄷ. 김대중 정부 시기에 6.15 공동 선언 이후 남북 교류 협력을 위한 개성 공단 조성에 합의하였다.

17 답 ④

📝 출제영역 대일 선전 포고(1941) 시기 사실

"대일 선전 포고" 등의 단어를 통해서 대한민국 임시정부 대일 선전 성명서가 발표된 1941년 상황임을 알 수 있다.
④ 1941년 독립운동을 사전에 탄압하기 위하여 일제가 조선 사상범 예방구금령을 제정하였다.

오답풀이

① 1932년 한국 독립군이 쌍성보 전투에서 승리하였다.
② 1925년 중국 군벌과 일제 사이에 미쓰야 협정이 체결되었다.
③ 1944년 주석·부주석제가 신설되었다.

18 답 ②

📝 출제영역 신민회

1907년에 국내에서 결성된 항일 비밀결사 신민회에 대한 설명이다.
② 대한독립의군부는 일제강점기 1912년에 임병찬이 고종황제의 밀명을 받아 만든 비밀결사단체 조직이다.

오답풀이

① 신민회는 국권 회복과 공화정 체제의 국민국가 건설을 목표로 삼아 최초로 공화정을 주장하였다.
③ 만주에 독립군 기지를 마련하였다.
④ 신민회는 일제가 날조한 105인 사건 때문에 와해되었다.

19 답 ①

📝 출제영역 김규식

① 김규식은 광복 후 남북 분단을 막기 위해 1948년 김구와 함께 평양에서 열린 남북협상에 참여하여 통일 정부 수립을 시도하였다.

오답풀이

② 이승만은 정읍에서 남한만의 단독 정부 수립을 주장하였다.
③ 조소앙은 삼균주의를 바탕으로 한 건국 강령을 작성하였다.
④ 이상설은 1914년 망명정부인 대한 광복군 정부를 세웠다.

20　답 ④

📝 출제영역
한국광복군

한국광복군에 관한 설명이다.
④ 한국광복군은 미군과 연계하여 국내 진공 작전을 계획하였다.

📃 오답풀이

① 대한독립군단은 자유시 참변으로 큰 타격을 입었다.
② 홍범도가 이끄는 대한독립군은 봉오동 전투에서 일본군을 격퇴하였다.
③ 조선의용대는 국민당의 지원을 받은 최초의 한인 군사 조직이다.

9회

01	②	02	①	03	③	04	③
05	②	06	③	07	④	08	③
09	②	10	④	11	③	12	②
13	③	14	③	15	④	16	①
17	②	18	③	19	②	20	②

01　답 ②

📝 출제영역
고조선

② 고조선에는 사회의 기본 질서를 유지하는 8조법이 있었다. 중국의 "한서"에는 그 중 생명, 신체, 재산에 관한 3조항과 더불어 여자들이 정숙하여 음란하지 않았다는 등의 내용이 기록되어 있다. 이는 고조선 사회가 개인의 생명과 노동력, 사유 재산을 중시하였으며, 형벌과 노비가 존재한 계급 사회였음을 보여준다. 또 남성 중심의 가부장적 가족 제도가 성립했음을 짐작하게 한다. 한편, 한 군현이 설치된 이후 토착민의 저항이 거세지면서 8조에 불과하던 법은 60여 조로 늘어났다.

📃 오답풀이

① 고조선은 철기 문화를 본격적으로 수용하였으며, 중국과 한반도 남부 사이에서 중계무역을 실시하여 경제적으로 성장하였다. 그러나 중국의 한이 고조선을 침략하였고, 고조선은 1년여 동안 항쟁하다가 기원전 108년에 멸망하였다.
③ 서옥제는 고구려 때부터 이어져 온 결혼 제도로 남편이 아내의 집에 들어가 사는 처가살이를 이르던 말이다. 아들과 딸을 둔 양쪽 집안이 결혼에 합의하면 신부 집 뒤꼍에 서옥이라는 별채를 지어 신혼집으로 사용하다가, 자식을 낳아 그 자식이 장성하면 남편이 아내와 자식을 데리고 자신의 집으로 돌아갔다.
④ 신성 지역인 소도(蘇塗)가 존재한 국가는 삼한이다.
　* 소도(蘇塗): 『삼국지』 동이전에 다음과 같은 내용이 기록되어 있다. "귀신을 믿기 때문에 국읍마다 한 사람을 세워 천신의 제사를 주관하게 하니 천군이라고 하였다. 또 나라마다 별읍이 있으니 소도라 하였다. 그곳에서는 큰 나무를 세우고 방울과 북을 매달아 놓고 귀신을 섬겼다. 그 안으로 도망쳐 온 사람들은 모두 돌려보내지 않았다."

02　　답 ①

📝 **출제영역**　　소수림왕의 업적

① 고구려 소수림왕(371 – 384)이 불교를 공인한 것은 재위 2년인 372년이며, 율령을 반포한 것은 이듬해인 373년의 일이고, 태학 설립은 372년이다.

📑 **오답풀이**

② 백제가 웅진에서 사비로 천도한 때는 성왕 시기이다. 성왕은 538년 수도를 사비로 옮기고 국호를 남부여로 고쳤다.
③ 도읍을 국내성에서 평양(성)으로 옮긴 것은 장수왕 15년인 427년의 일이다(평양 천도).
④ 백강 전투를 의미한다. 663년 8월에 신라의 백강(현재의 금강 하구 부근)에서 벌어진 백제·일본의 연합군과 당·신라의 연합군이 벌인 전투로서 당·신라 연합군의 승리로 끝났다.

03　　답 ③

📝 **출제영역**　　신문왕의 업적

5소경을 정비하고 관료전을 지급하며 녹읍을 혁파했음을 볼 때 신문왕 대의 일이다.
③ 신라는 지방 행정 조직을 9주 5소경 체제로 정비하였다. 전국을 9주로 나누고 그 아래에 군과 현을 두었는데, 9주는 삼국의 옛 땅에 3개 주씩 고르게 설치되었다. 지방 행정의 요충지에는 5소경을 설치하여 수도인 금성(경주)이 동남쪽에 치우친 점을 보완하고, 그곳에 지배층을 이주시켜 지역의 고른 성장을 꾀하였다.

📑 **오답풀이**

① 1894년에 동학농민군과 전주 화약을 맺은 조선정부는 교정청을 설치하여 자주 개혁을 하려고 했으나, 일본 제국이 경복궁 쿠데타로 교정청을 혁파하여 조선의 노력은 실패하였다. 이후 일본의 영향으로 만든 관청이 군국기무처이다. 군국기무처를 중심으로 조선은 제1차 갑오개혁을 추진하게 된다.
② 조선은 전국을 8도로 나누고 8도 아래는 부, 목, 군, 현을 두었다. 고려와 달리 모든 군현에 군사권과 사법권을 가진 수령이 파견되는데, 이를 견제하기 위해 8도에 관찰사가 파견되고 상피제를 적용했다. 또한 지방 향리를 감시하는 유향소가 생기고 유향소 사족을 감시하기 위해 경재소가 설치되었다.
④ 지방 22담로에 왕족을 파견한 왕은 백제의 25대 왕 무령왕이다.

04　　답 ③

📝 **출제영역**　　광종의 업적

③ 고려 제4대 광종은 과거제를 도입하고, 공신과 호족 세력을 숙청하였으며, 공복을 제정하고, 광덕과 준풍이라는 연호를 사용했으며, 개경을 황도라고 하였다. 본래 양인이었으나 불법으로 노비가 된 사람들을 양인 신분으로 회복시켜 주는 노비안검법을 시행하였다.

📑 **오답풀이**

① 수선사 결사는 지눌이 1182년에 결성한 불교 결사체로서, 그는 이 결사를 통해 불교의 순수한 수행과 깨달음에 집중하자는 운동을 전개하였다. 수선사 결사의 이름은 '마음을 닦고 본성을 찾는다'는 의미를 담고 있으며, 이는 지눌이 지향한 불교 개혁의 정신을 잘 나타내고 있다.
② 국자감에 7재라는 전문 강좌를 운영한 고려의 왕은 예종이다. 7재는 주역을 공부하는 여택재, 상서를 공부하는 대빙재, 모시를 공부하는 경덕재, 주례를 공부하는 구인재, 대례를 공부 하는 복응재, 춘추를 공부하는 양정재, 무학을 공부하는 강예재이다.
④ 일본 원정을 위해 정동행성이 설치된 것은 충렬왕 6년인 1280년의 일이다. 정동행성의 정식 명칭은 '정동행중서성'으로, 여기서 '정동'은 일본 정벌을 뜻하고, '행중서성'은 중앙 정부 기관인 (원)중서성의 지방 파견 기관을 뜻한다. 일본 원정 실패 이후에도 폐지되지 않고 남아 고려의 내정을 간섭하는 기구로 기능하였다.

05
답 ②

② 서경에 대화궁을 창건하고 서경에 행차하였다는 말로 미루어 묘청의 난임을 알 수 있다. 인종이 서경 천도를 포기하자 묘청은 1135년 서경에서 반란을 일으켰으며, 김부식이 이끄는 관군은 토벌에 나서 서경을 함락하고 묘청 세력을 진압하였다.

🗨 오답풀이

① 1198년 사노비인 만적도 누구나 고위 관리가 될 수 있다고 주장하며 개경에서 신분 해방 운동을 시도하였다. 그러나 봉기가 사전에 발각되어 실패하였다.

③ 망이·망소이의 난은 고려 무신 집권기 초기인 1176년(명종 6)부터 이듬해까지 약 1년 반에 걸쳐서 충청도 공주 명학소를 중심으로 일어난 농민과 천민들의 난이다.

④ 웅천주 도독 김헌창의 난이 일어난 때는 통일신라 헌덕왕 14년인 822년의 일이다. 김헌창은 태종 무열왕의 후손이자 김주원의 아들이다.

06
답 ③

③ 초조대장경은 요나라(거란)의 침입을 받아 곤경에 있을 때 불심으로 그것을 물리치기 위하여 간행에 착수, 현종 때부터 문종 때에 걸쳐 완성되었다. 대구의 부인사에 도감을 두고, 6천여 권을 목판에 새겨 만들었다. 초조대장경은 1232년(고종 19) 몽골의 침입으로 소실되고 일부만 일본에 전해지고 있다.

🗨 오답풀이

① 최충헌이 정권을 잡으면서 정국이 안정되고, 이후 4대 60여 년간 최씨 정권이 지속되었다. 최충헌은 사병 조직인 도방을 확대하여 호위를 강화하였고, 교정도감을 설치하여 정책을 결정하였다. 뒤이어 집권한 최우는 자신의 집에 인사를 담당하는 정방을 설치하여 인사권을 장악하였다.

② 고려에서는 3경제, 4경제를 운영하였는데 남경은 그 중 하나이다. 태조 대부터 광종 대까지는 개경과 서경의 양경제를, 성종 대에는 경주에 동경이 설치되면서 개경(중경)과 평양(서경)을 합쳐 3경이 되었다. 이후 문종 대에 와서 남경을 건설함으로써 4경제를 운영하게 되었다.

④ 전민변정도감은 고려 후기에 권세가의 대토지 불법 소유 및 농민 문제를 해결하기 위하여 설치한 관청이다. 고려 후기에 토지 침탈과 백성의 궁핍 등을 해결하기 위하여 1269년(원종 10)에 처음 설치되었다.

07
답 ④

④ 과전법은 고려 공양왕 때 제정된 일종의 전제 개혁법으로, 토지 국유화를 원칙으로 권문세족의 토지를 몰수하고 전·현직 관리들에게 토지에 대한 수조권을 나누어 준 제도로서 1391년 공양왕 때 시행되었다. 이때 나누어 준 토지(분급 수조지)가 곧 과전이며 주로 경기도에 집중되었다.

🗨 오답풀이

① 공민왕은 원의 쇠퇴를 이용하여 적극적 반원 정책 시행하였는데 무신의 회의기구인 정방을 혁파하고, 원의 연호와 관제 사용 폐지하여 중서문하성과 상서성을 복구하였으며, 원의 풍속인 변발과 호복을 금지하는 한편, 기철과 같은 친원 세력을 숙청하였다.

② 공민왕은 성균관을 개편하여 유학 교육을 강화하였으며, 신진 사대부를 등용하여 왕권 강화를 시도하였다.

③ 정동행성 이문소는 정동행성의 부속 관서 중 가장 강력한 기구로서 개경에서 대원관계 범죄를 다스렸던 관서이다. 부원세력의 결집지로 기능하다가 공민왕 개혁 당시 폐지되었다.

08

답 ③

출제영역 성종대 역사적 사실

③『동국통감』은 단군조선에서 고려 말까지의 역사를 편년체로 기록한 역사서이다. 세조의 지시에 의해 편찬이 시작되었다가 중단된 이후 성종 때 완성되었다. 총 56권 28책의 활자본으로 이뤄졌다. 이 책은 고조선의 건국 연대를 기원전 2333년으로 밝히고 있으며, 삼국의 역사를 서술하였음에도 신라의 역사를 추가로 집필하였다는 특징을 지닌다.

오답풀이

① 집현전은 조선 시대의 중요한 학문 연구 기관으로, 세종대왕에 의해 1420년에 설립되었다. 이 기관은 궁중에 위치하며, 유교적 가치와 국가 운영에 필요한 학문적 연구를 수행하는 역할을 했다.
② 갑인자는 조선 세종 16년(1434년)에 세종의 명으로 중국의 성인들 및 둘째아들 진양대군(훗날의 세조)의 글자체를 본떠 만든 한국의 금속활자이다. 우리나라에서 역대 세 번째로 만들어진 금속활자이자 최초의 완전 조립식 활자로서 훈민정음, 동국정운 등을 인쇄한 한글 금속 활자체도 여기에 포함된다.
④ 경연은 고려, 조선 시대에 임금이 유학의 경서를 강론·연마하고 더불어 신하들과 국정을 협의하던 행사를 말한다. 임금이 신하들이랑 유학 내용을 토론하는 행사이며, 경전을 공부하는 자리라는 뜻으로서 세조와 연산군은 경연을 아예 폐지했고, 광해군은 경연을 했던 횟수가 14회였다.

09

답 ②

출제영역 임진왜란기의 역사 사실 순서

② 한산도대첩(1592.8) → 평양탈환(1593.1) → 행주대첩(1593.3) → 명량대첩(1597.9)

오답풀이

(가) 한산도대첩은 1592년 8월 14일 통영 한산도 앞바다에서 조선군이 왜군을 크게 무찌른 해전으로, 이 전투에서 육전에서 사용하던 포위 섬멸 전술 형태인 학익진을 처음으로 펼쳤다.
(나) 행주대첩은 한산도 대첩, 진주 대첩과 함께 임진왜란 3대 대첩 가운데 하나로서 1593년 음력 2월 12일 하루 동안 벌어졌다. 조선 육군의 3대첩으로 꼽히는 이치 전투와 마찬가지로 권율 장군이 총지휘했다.
(다) 조·명 연합군 5만 3천 명과 일본군 1만 5천명은 1월 6일부터 8일까지 평양성에서 전투를 벌인 결과 평양 탈환에 성공하였다.

(라) 정유재란 당시 1597년 9월 16일 전라좌도 수군절도사 겸 삼도수군통제사 이순신이 이끄는 조선 수군 연합함대가 명량에서 일본군을 크게 무찌르고 승리를 거둔 해전이다.

10

답 ④

출제영역 망이 망소이의 난

④ 가혹한 수탈에 저항하여 망이·망소이가 봉기한 것은 고려 명종 6년인 1176년의 일이다. 명학소 주민들이 봉기를 일으켜 공주를 점령하자 조정에서는 명학소를 충순현으로 승격해주었다. 이들은 조정의 배신으로 다시 봉기하였지만 결국 1년 반 만에 진압되었다.

오답풀이

㉠ 이황은 군주 스스로 성학을 따를 것을 제시한 왕의 수신 교과서인『성학십도』를 편찬했다.
㉡ 이황의 사상은 임진왜란 이후 일본으로 전래되어 '동방의 주자'라 불리며 일본 주자학의 발달에 큰 영향을 끼쳤다.

11

답 ③

출제영역 조선후기 사회모습

③ 조선 형평사는 백정들의 일종의 신분 해방 운동으로 백정들의 사회적 차별 철폐를 주장한 사회 운동인 형평 운동을 주도한 조직으로서, 1923년 진주에서 조직되었다.

오답풀이

① 시사는 조선 후기에 문인들이 서울 주변에서 조직한 문학 단체이다. 시사에 참여하는 중인층은 문학 활동을 펼치면서 자신들의 사회적 지위를 높였고, 역대 시인들의 시를 모아 시집을 간행하기도 했다.
② 선대제 수공업은 상인에게서 원재료를 제공받은 소생산자가 집에서 재료를 가공, 제품을 만들어 상인에게 삯을 치르고 상인은 그 제품을 시장에 갖다 파는 산업 형태로서 조선후기 일반적인 경제형태이다. 종이, 화폐, 철물 등의 제조에서 두드러졌고 대부분 수공업자가 상인에게 예속되거나 고용된 상태가 되었다.
④ 조선 후기 정치적·경제적 변화 속에 신향이라는 새로운 계층이 등장하였다. 이들은 양반으로 신분이 상승한 부농층으로, 전통 사족인 구향과 향촌의 지배권을 둘러싸고 경쟁하였는데 이를 향전이라고 한다. 수령은 재정 위기를 해결하려고 신향을 지원하였으며, 이 과정에서 구향이 약화되고, 신향과 구향의 다툼을 이용하여 수령이 권한을 강화하였다.

12   답 ②

📝 **출제영역**   시대별 지방제도

② 지방 행정을 5경 15부 62주로 정비한 국가는 발해이다. 발해는 도독과 자사 등의 관리를 파견하여 지방을 통제하였으며 정복한 지역의 주민을 지배 체제에 편입시키기 위해 촌락의 우두머리인 수령을 중앙 지배층으로 받아들이거나 수령에게 촌락의 행정을 맡겼다.

📖 **오답풀이**

① 백제 무령왕은 22담로에 왕족을 파견하여 지방에 대한 통제를 강화하였다.

③ 고려는 일반 행정 구역인 5도에 안찰사를 파견하여 행정을 살폈고, 도 아래에는 주·군·현을 두었다. 지방관이 주재하는 주현은 지방관이 파견되지 않은 속현을 감독하였고, 주현보다 속현의 수가 많았다. 중요한 주현은 계수관이 되어 몇 개의 주현을 통솔하며 중앙의 명령을 집행하였다. 주현과 속현 외에 특수 행정구역인 향·부곡·소 등이 있었다.

④ 조선은 지방 행정 제도를 정비하여 국왕의 권력이 직접 백성에게 미칠 수 있도록 하였다. 전국을 8도로 나누어 관찰사를 파견하였고, 그 아래 부·목·군·현을 두어 수령을 보냈다.

13   답 ③

📝 **출제영역**   흥선대원군 집권기의 역사적 사실

③ 대한제국은 상공업 진흥을 위해 식산흥업 정책을 시행하여 해운회사, 직물회사 등 근대적인 회사와 한성은행, 대한천일은행 등 민간은행도 설립했다.

📖 **오답풀이**

①, ② 흥선대원군은 세도 정권의 핵심 권력기구로 왕권을 제약하였던 비변사를 축소하여 사실상 폐지하였다. 의정부와 삼군부의 기능을 부활하여 행정권과 군사권을 나누어 맡도록 함으로써 권력 독점을 견제하였다.

④ 흥선대원군은 『대전회통』, 『육전조례』 등 법전을 편찬하여 통치 체제를 재정비하였다.

14   답 ③

📝 **출제영역**   국채보상운동

③ 국채보상운동은 1907년 대구에서 김광제, 서상돈을 중심으로 시작되어 국채보상기성회가 서울에 설립된 이후 대한매일신보의 적극적인 홍보로 전국으로 확산되었다.

📖 **오답풀이**

① 한일 간 관세를 폐지한다는 소식에 한국인 자본가들의 위기의식이 높아졌으며, 1920년 조만식 등은 평양에서 조선 물산 장려회를 조직하여 물산 장려 운동을 시작하였고, 이는 전국적으로 퍼져 나갔다.

② 1927년 신간회가 결성되자, 여성운동 진영도 통합 단체로서 근우회를 결성하였다. 근우회는 '조선 여자의 공고한 단결과 지위 향상'을 강령으로 내세워 국내외에 지회를 설치하고 기관지인 『근우』를 발간하였다. 여성 문제에 대한 토론회와 강연회를 개최하고 야학 설치, 문맹 퇴치 등 여성계몽을 위해 노력하였다.

④ 1880년대 초 대동상회, 장통상회 등이 설립되어 외국 자본과 경쟁하였으나, 자본이 적어 큰 성과를 거두지는 못하였다. 외국 상인들의 상권 침탈로 가장 큰 타격을 받은 것은 시전 상인들이었다. 이들은 외국 상인의 점포 철수를 정부에 요구하며 철시를 단행하였다. 정부도 시전상인의 요구를 받아들여 청과 일본 상인의 점포 철수를 요청하였으나, 이들에게 줄 보상금을 마련하지 못해 진전을 보지 못하였다.

15   답 ④

📝 **출제영역**   문화통치기의 역사적 사실

④ 1910년대에 일제는 헌병 경찰 제도를 바탕으로 강압적인 무단 통치를 실시하여 한국인의 저항을 무력화하고자 하였다. 일제는 전국 각지에 경찰 관서와 헌병 기관을 설치하고 헌병이 경찰 업무를 담당하게 하였다. 일제는 3·1운동 이후 문화통치로 전환하여 보통경찰제를 실시하였다.

📖 **오답풀이**

① 조선인에게만 태형을 집행하도록 한 조선 태형령이 시행된 것은 무단 통치기인 1912년 4월로서 1920년 3월에 폐지되었다.

② 1930년대 들어 대지주가 전체 농경지의 절반 이상을 차지하고 소작료가 높은 상황에서 소작쟁의가 빈번해졌다. 이에 총독부는 1932년부터 황폐해진 농촌을 구제한다는 명분으로 농촌진흥운동을 시행하였다.

③ 회사령은 기업을 설립할 때 총독의 허가를 받게한 것으로 1910년 공포되었으며, 1920년에는 폐지되어 신고제로 변경되었다.

16   답 ①

📝 출제영역   형평운동

① 갑오개혁으로 법제상의 신분 차별이 폐지되었지만 백정에 대한 사회적 차별은 없어지지 않았다. 백정들은 1923년 경상남도 진주에서 조선 형평사를 창립하고, 백정에 대한 평등한 대우를 요구하는 형평 운동을 전개하였다. 조선 형평사의 활동으로 호적이나 학적부에 표기하던 신분 표시가 사라지는 등 백정에 대한 제도적인 차별이 많이 줄어들었다.

📖 오답풀이

① 갑오개혁으로 법제상의 신분 차별이 폐지되었지만 백정에 대한 사회적 차별은 없어지지 않았다. 백정들은 1923년 경상남도 진주에서 조선 형평사를 창립하고, 백정에 대한 평등한 대우를 요구하는 형평 운동을 전개하였다. 조선 형평사의 활동으로 호적이나 학적부에 표기하던 신분 표시가 사라지는 등 백정에 대한 제도적인 차별이 많이 줄어들었다.

17   답 ②

📝 출제영역   의열단

② 의열단은 조선 총독, 친일파 등을 암살하고, 조선 총독부, 동양 척식 주식회사 등의 식민 기관을 파괴하려 하였다. 김원봉의 요청으로 신채호가 1923년 작성한 「조선 혁명 선언」에는 폭력 투쟁으로 민중의 직접 혁명을 달성하려는 의열단의 정신이 잘 나타나 있다.

📖 오답풀이

① 집강소는 동학농민군이 정부와 전주화약을 맺은 후 전라도 각지에 세운 자치기구로서 이 집강소를 중심으로 폐정개혁안을 실천해 나갔다.
③ 대한자강회는 전국에 지회를 설치하고, 월보를 간행하였으며, 고종 강제퇴위 반대운동을 주도하다가 1907년 8월 강제로 해산되었다.
④ 신민회는 국내에서 문화적(대성·오산 학교 설립), 경제적(자기회사, 태극서관 설립) 실력 양성 운동을 전개하면서 점차 국외에서 독립군 기지의 건설(삼원보에 신흥무관학교 설립) 등 군사적 실력 양성을 꾀하였으나, 105인 사건으로 해체되었다.

18   답 ③

📝 출제영역   조선의용대

③ 조선 의용대는 조선 민족 전선 연맹 산하의 군사 조직으로 결성되었다. 조선 민족 전선 연맹은 1937년 12월에 결성된 좌파계의 항일 민족 연합 전선이다. 1942년 4월 임시정부 국무회의에서 조선의용대를 광복군에 편입하기로 결의하였고, 동년 5월 총대장 김원봉은 광복군 부사령관과 제1지대장을 겸하고, 의용대는 제1지대에 편입되었다.

📖 오답풀이

① 좌우합작위원회는 1946년에 일제 강점기 이후의 정부를 수립하기 위한 조선의 좌우 세력이 합작하여 연대를 추진하였던 위원회를 말한다. 이 위원회에는 중도파 세력 인사들이 주축으로 구성되어 활동하였으며 좌우합작 7원칙을 발표하였다.
② 북만주 일대에서는 지청천이 이끄는 한국 독립군이 중국 호로군과 연합하여 쌍성보 전투, 사도하자 전투, 대전자령 전투 등에서 일본군에 승리하였다. 지청천을 비롯한 한국 독립군의 일부는 중국 관내로 이동하여 대한민국 임시 정부에 합류하였고, 지청천은 한국광복군 창설에 중요한 역할을 하였다.
* 대전자령 : 중국 만주의 헤이룽장성 흑룡강성에 위치
④ 미·소 공동위원회는 1차(1946년 3월)와 2차(1947년 5월) 회의 모두 조선인의 참여 범위를 두고 미국과 소련의 의견 대립으로 모두 결렬되었다.

19 답 ②

② 박정희 정부는 경공업 중심의 경제 성장에 한계를 깨닫고 중화학 공업 중심으로 경제 개발 방향을 바꾸었다. 그리하여 제3, 4차 경제 개발 계획(1972~1981)에서는 철강, 기계, 조선, 석유 화학 등 중화학 공업을 집중 육성하였다.

📃 오답풀이

① 6·25 전쟁의 전후 복구 과정에서 미국의 원조 물자는 큰 역할을 하였다. 미국은 잉여 농산물을 바탕으로 소비재 물자를 주로 지원하였다. 이에 밀, 사탕수수, 면화가 대량으로 들어와 제분업, 제당업, 면방직 공업 등 이른바 삼백 산업이 발달하였다.

③ 박정희 정부는 경제 개발을 최우선 과제로 삼고, 장면 정부가 마련한 경제 개발 5개년 계획을 기초로 정부 주도의 경제 성장 정책을 적극 추진하였다. 제1, 2차 경제 개발 계획(1962~1971)에서는 경공업을 육성하고 수출을 늘리는 데 힘썼다. 물자를 원활히 유통하고자 경부 고속 국도를 건설하였다. 경부 고속 국도는 예정된 개통일을 1년이나 앞당겨 1970년 7월 7일에 개통하였다.

④ 우리나라는 1998년 11월 대외경제조정위원회에서 FTA 체결을 추진하기 시작하여 한국 최초의 한–칠레 FTA가 2004년 4월 1일부터 발효되었다. 그 뒤로 2006년 3월 2일 한–싱가포르 FTA, 2006년 9월 1일 한–유럽자유무역연합(EFTA) FTA, 2010년 1월 1일 한–인도 포괄적 경제동반자협정(CEPA), 2011년 8월 1일 한–페루 FTA, 2012년 3월 15일 한–미 FTA, 2013년 5월 1일 한–튀르키예 FTA, 2014년 12월 12일 한–오스트레일리아(호주) FTA, 2015년 1월 1일 한–캐나다 FTA, 2015년 12월 20일 한–중 FTA, 한–뉴질랜드 FTA 및 한–베트남 FTA, 2016년 7월 15일 한–콜롬비아 FTA, 2021년 1월 1일 한–영 FTA 등의 자유무역협정이 발효되었다.

20 답 ②

1972년 유신헌법 제정과 1980년 5·18 민주화운동 사이에 일어난 일을 묻는 문제이다.

② 유신헌법에 맞서 1976년에 김대중, 함석헌 등 재야인사들이 명동 성당에서 긴급 조치 철회와 정권 퇴진 등을 요구하는 3·1 민주 구국 선언을 발표하였다.

📃 오답풀이

① 4·19혁명은 1960년 4월 대한민국에서 이승만 정권의 독재에 저항해 시민들이 저항권을 들고 일어나서 대한민국 제1공화국을 끝낸 민주주의 시민 혁명으로서 국제적으로는 아시아에서 드물게 성공한 민주 혁명으로 평가된다. 2. 28 학생 민주의거와 3. 15 부정선거로 인한 시위가 4·19 혁명의 서막으로서 이승만 대통령의 자유당 정권이 저지른 3. 15 부정선거에 시민들이 항거하여 대대적으로 일어난 이 시위는 전국으로 확산되었다.

③ 노태우 정부 시기인 1991년 9월 17일에 남북한이 유엔(UN)에 동시 가입하였으며 '남북 사이의 화해와 불가침 및 교류·협력에 관한 합의서(남북 기본 합의서)'를 채택하였다.

④ 김대중 정부는 한반도 평화 정착과 남북 교류 확대를 위해 적극적인 대북 화해 협력 정책인 '햇볕 정책'을 추진하였다. 금강산 관광 등 남북 경제 협력이 본격화하였으며, 2000년에는 평양에서 최초의 남북 정상 회담이 개최되었다. 정상 회담의 결과 발표된 6·15 남북 공동 선언에 따라 이산가족 상봉이 이루어졌고, 경제 협력과 사회·문화 교류도 전개되었다.

10회

01	④	02	③	03	③	04	③
05	④	06	③	07	②	08	②
09	②	10	②	11	③	12	④
13	③	14	③	15	②	16	①
17	①	18	④	19	④	20	②

01　　답 ④

📝 출제영역　　　　구석기 시대 생활상

④ 구석기인은 뗀석기를 사용하였고, 채집과 사냥 등으로 식량을 구하였다. 이들은 주로 동굴이나 바위 그늘에 거주하였으며, 무리 지어 살면서 이동 생활을 하였다.

📑 오답풀이

① 신석기인은 간석기를 사용하였으며, 토기를 만들어 곡식을 보관하고 음식을 조리하였다.
② 신석기 시대에 들어와 농경과 목축을 시작하면서 한 곳에 정착하는 정착 생활을 하게 되었다.
③ 빗살무늬 토기를 만들어 식량을 저장한 것은 신석기 시대이다. 빗살무늬 토기는 바닥이 뾰족한 포탄 모양의 형태를 하고 있으며 겉면은 점과 선으로 구성된 기하학적인 문양으로 장식되어 있다. 신석기 시대 사람들은 다양한 종류의 빗살무늬 토기를 만들어 식량을 저장하거나 조리하는데, 또 식기나 기타 의례용 등 다양한 목적으로 사용하였다.

02　　답 ③

📝 출제영역　　　　동예

③ 동예는 명주와 삼베를 짜는 방직기술이 발달했으며, 특산물로 단궁이라는 활과 과하마, 반어피 등이 유명하였다.

📑 오답풀이

① 고구려도 왕 아래 상가, 고추가 등의 대가들이 있었다. 이들은 사자, 조의, 선인 등의 관리를 거느렸다.
② 천군과 신성 지역인 소도(蘇塗)가 존재한 국가는 삼한이다.
* 소도(蘇塗) : 『삼국지』 동이전에 다음과 같은 내용이 기록되어 있다. "귀신을 믿기 때문에 국읍마다 한 사람을 세워 천신의 제사를 주관하게 하니 천군이라고 하였다. 또 나라마다 별읍이 있으니 소도라 하였다. 그곳에서는 큰 나무를 세우고 방울과 북을 매달아 놓고 귀신을 섬겼다. 그 안으로 도망쳐 온 사람들은 모두 돌려보내지 않았다."
④ 옥저는 함경도 해안 지역에 자리 잡고 있어 토지가 비옥하고 어물, 소금 등 해산물이 풍부하여 경제 생활이 윤택하였다.

03　　답 ③

📝 출제영역　　　　백제역사유적지구

위 제시문은 백제역사유적지구를 설명하고 있다. 백제역사유적지구는 공주시, 부여군, 익산시 3개 지역에 분포된 8개 고고학 유적지로 이루어져 있다. 공주 웅진성과 연관된 공산성과 송산리 고분군, 부여 사비성과 관련된 관북리 유적(관북리 왕궁지) 및 부소산성, 정림사지, 능산리 고분군, 부여 나성, 그리고 끝으로 사비시대 백제의 두 번째 수도였던 익산시 지역의 왕궁리 유적, 미륵사지 등으로 이들 유적은 475년~660년 사이의 백제 왕국의 역사를 보여주고 있다.
③ 청주시 상당산성은 청주시 상당구 산성동에 위치한 성곽으로서 본래는 백제시대부터 토성이 있었는데, 조선시대 숙종 42년인 1716년에 석성으로 개수한 것이 지금까지 이어지고 있다. 상당산성은 백제역사유적지구가 아니다.

📑 오답풀이

① 정림사지는 백제역사유적지구 중 하나로서 부여의 중심부에 위치한 절터로, 1탑 1금당식 백제 가람의 전형적인 특징을 보여준다. 절터 안에 한국 석탑의 원형이라고 할 수 있는 부여 정림사지 오층석탑(국보 9)과 높이 562㎝의 정림사지 석불좌상이 남아 있다.

② 익산지구에는 익산 왕궁리 유적과 익산 미륵사지가 포함된다. 왕궁리 유적은 수도 사비의 취약점을 보완하기 위하여 축조한 별궁 유적으로, 궁성의 규모는 남북 492m, 동서 234m, 너비 3m에 면적 21만 6,862㎡이다. 내부에 정전 건물로 추정되는 대형 건물터와 정원 시설, 공방 및 생활 관련 시설 등의 유구가 있으며, 익산 왕궁리 오층석탑이 남아 있다.

④ 송산리 고분군에는 무령왕릉을 포함하여 웅진 도읍기에 재위하였던 왕과 왕족들의 무덤 7기가 모여 있는데, 백제 고유의 굴식 돌방무 외에 무령왕릉과 6호분처럼 중국 남조에서 유행하던 벽돌무덤으로 축조한 것도 있다. 이밖에 목관의 재료로 일본산 금송을 사용하였으며, 중국 남조와의 교류를 보여주는 진묘수와 도자기 등의 부장품이 발견되었다.

04 답 ③

📑 **출제영역** 법흥왕 업적

③ 법흥왕은 532년 금관가야를 병합하였으며, 대가야는 진흥왕때 신라에 복속되었다.

📖 **오답풀이**

① 진흥왕 때에는 한강을 차지하였을 뿐 아니라 대가야를 정복하고, 북으로는 함경도 지방까지 영토를 넓혔다. 단양 신라적성비와 4개의 순수비는 진흥왕의 영토 확장을 잘 보여준다.

② 6세기 들어 중앙집권국가로서 비약적인 발전을 이루었다. 지증왕 때에는 농업 발전을 위해 우경과 수리 사업을 장려하였다. 또한, 국호를 '신라', 왕호를 '왕'으로 바꾸었고, 전국의 주, 군, 현을 정비하였다.

④ 신라 지증왕은 512년 이사부를 보내 울릉도를 복속하였다.

05 답 ④

📑 **출제영역** 발해

④ 발해는 중앙 집권적인 통치 체제를 갖추고 나라를 다스렸다. 중앙의 정치 조직은 당의 3성 6부제를 수용했으나, 그 명칭과 운영 방식에는 독자성이 있었다.

📖 **오답풀이**

① 태조 왕건은 고구려의 옛 땅을 회복하겠다는 의지로 평양을 서경으로 삼아 중시하면서 북진 정책을 적극 추진하였다. 그리고 북진 정책의 걸림돌이자 발해를 멸망시킨 거란을 적대시하였다. 그 결과 청천강에서 영흥만까지 영토를 넓힐 수 있었다

② 신라는 늘어난 영토를 9주 5소경 체제로 편성하여 중앙 집권을 강화하였다. 주 밑에는 군, 현을 두어 지방관을 파견했고, 말단행정 구역인 촌은 토착세력인 촌주로 하여금 관리하게 하였다. 군사, 행정의 중요한 곳에는 특별행정구역인 5소경을 설치하고 옛 고구려와 백제 출신 귀족을 옮겨 살게 하였다. 이는 수도가 동남쪽에 치우쳐 있는 점을 보완하며 지방 세력을 감시하려는 의도였다. 또한 5소경은 각 지방이 균형 있게 발전할 수 있는 거점 역할도 하였다.

③ 집사부는 통일신라의 기밀 사무를 관장하면서 왕명을 수행하는 최고 행정부서로서 진덕여왕 때 설치되었다.

06 답 ③

📑 **출제영역** 고려 성종

③ 성종은 최승로의 시무 28조를 받아들여 유교 정치이념을 바탕으로 통치 체제를 정비하였다. 2성 6부의 중앙 관제를 마련하고, 12목에 지방관을 파견하여 중앙 집권화의 기초를 세웠다. 또한 국자감을 설치하고 지방에 경학박사와 의학박사를 파견하여 유학 교육을 장려하였다.

📖 **오답풀이**

① 태조는 호족에게는 자신을 낮추면서 우대하였고, 정략 결혼이나 성을 하사하는 등 포용 정책을 펼쳤다. 훈요 10조는 태조가 후대 왕들에게 지킬 것을 당부하며 남긴 가르침이다. 불교 숭상, 중국 문화의 선택적 수용과 거란 배척, 서경 중시, 연등회와 팔관회 중시 등의 내용이 담겨 있다.

② 광종은 개경을 황도라고 불러 황제국의 위상을 강화하였으며, 광덕, 준풍 등 독자적인 연호를 제정하였다.

④ 광종은 백관의 공복을 정하여 관리들 사이의 위계를 세웠다.

07   답 ②

📝 출제영역   석탑

② 삼국 시대에는 처음에 목탑이 주로 만들어졌으나 점차 석탑으로 바뀌었다. 통일신라 때에는 이중기단 위에 3층으로 쌓는 석탑 양식이 나타났다. 통일신라 석탑의 전형적인 모습을 하고 있는 불국사 3층 석탑(석가탑)은 이상적인 비례를 통해 조화와 균형미를 보여준다.

🖋 오답풀이

① 고려 후기에 만들어진 개성 경천사지 10층 석탑은 원의 영향을 받은 것으로, 조선 시대의 서울 원각사지 10층 석탑에 영향을 주었다.

③ 신라 선덕여왕 때 세워졌으며 현재 남아있는 신라 석탑 가운데 가장 오래된 걸작품으로 돌을 벽돌 모양으로 다듬어 쌓아올린 모전석탑이다. 원래 9층이었다는 기록이 있으나 지금은 3층만 남아있다.

④ (다)는 선덕여왕 때, (나)는 통일신라 경덕왕 때, (가)는 고려 후기에 각각 제작되었다.

08   답 ②

📝 출제영역   공민왕 때의 역사적 사실

② 13세기경 몽골이 고려를 침입하자, 최우는 수도를 강화도로 옮겨 몽골에 항전하였다. 그러나 전쟁이 장기화하면서 무신들은 항전을 주장하는 최씨 무신정권을 무너뜨리고 몽골과의 강화를 추진하였다. 당시 고려 태자였던 원종은 쿠빌라이와 강화를 맺었고, 이후 고려 정부는 1270년에 개경으로 돌아왔다.

🖋 오답풀이

① 공민왕은 유인우와 이자춘을 보내 쌍성총관부를 무력으로 공격하여 철령 이북의 영토를 회복하였다.

③ 공민왕은 원의 쇠퇴를 이용하여 적극적 반원 정책 시행하였는데, 무신의 회의 기구인 정방을 혁파하고, 원의 연호와 관제 사용 폐지하여 중서문하성과 상서성을 복구하였으며, 원의 풍속인 변발과 호복 금지하는 한편, 기철과 같은 친원 세력을 숙청하였다.

④ 공민왕은 승려 신돈을 등용하고 전민변정도감을 설치하여 적극적인 개혁을 추진하였다. '전민'은 토지와 백성(노비), '변정'은 분별하여 정리한다는 뜻이며, '도감'은 임시관청이다. 전민변정도감에서는 권문세족의 불법적인 농장을 없애고, 빼앗은 토지를 원래 주인에게 돌려주었으며, 억울하게 노비가 된 사람을 양민으로 해방시키는 등 개혁 정치를 추구하였다.

09   답 ②

📝 출제영역   중종 시대의 역사적 사실

② 중종이 훈구세력을 견제하기 위해 등용한 조광조는 학문과 덕행이 뛰어난 인재를 추천받아 관리로 등용하는 현량과를 실시하였다. 또한 중종이 왕위에 오를 때 부당하게 공신이 된 일부 훈구의 공훈을 삭제하려 하였다. 이러한 조광조의 개혁에 부담을 느낀 중종은 훈구 세력과 손을 잡고 조광조를 비롯한 사림 세력을 제거하였는데 이를 기묘사화라고 한다.

🖋 오답풀이

① 김종직이 항우가 폐위한 중국 초의 황제인 의제를 애도하며 쓴 글이다. 훈구는 김종직이 세조를 항우에 빗대어 비판하였다고 주장하였으며, 연산군은 이를 빌미로 무오사화를 일으켜 사림을 몰아냈다.

③ 조선의 개국공신으로 유명한 삼봉 정도전이 1398년에 저술한 성리학 관점에서 불교를 비판한 저서로서 '불씨'란 유학자들이 부처를 낮춰 부르던 단어였다.

④ 명종 대에 인종을 지지하는 윤임을 대표로 하는 대윤과 명종을 지지하는 윤원형의 일파인 소윤의 외척 세력들이 다투는 과정에서 사화가 일어났는데 이를 을사사화라고 한다.

10   답 ②

📝 출제영역   광해군 시대의 역사적 사실

위 제시문은 대동법 시행 배경을 설명하는 내용이다. 대동법은 공납을 전세화하여 가호에 부과하던 토산물을 토지 결수에 따라 쌀·면포·삼베·동전 등으로 징수한 제도이다. 방납이 확대될수록 농민의 부담은 더욱 늘어났고, 그 부담을 감당하지 못해 도망하는 농민도 증가하였다. 이에 이이, 유성룡 등이 공물을 쌀로 거두자는 수미법을 주장했지만 제대로 시행되지는 못하였다. 공납의 개혁은 오랜 논의 끝에 광해군 때 시행된 대동법을 통해 본격적으로 이루어졌다.

② 광해군 때 집권한 북인은 서인과 남인을 배제한 채 권력을 독점하려 했고, 그 과정에서 선조의 적자인 영창대군을 죽이고(살제) 인목대비를 폐비(폐모)시키는 등 정치적 무리수를 두었다. 이에 서인을 중심으로 인조반정을 일으켜 광해군과 북인을 몰아내고 정권을 잡았다.

오답풀이

① 임진왜란 때에 우리나라를 도와준 중국 명나라의 의종과 신종을 제사 지내기 위하여 세운 사당이다. 송시열의 건의로 조선 숙종 30년(1704)에 충청북도 괴산군 청천면 화양리에 지은 것으로, 대원군이 집권하자 노론의 본거지로 지목되어 철폐되었다가 고종 11년(1874)에 부활되었다.

③ 『대전통편』은 정조의 명으로 1785년에 『경국대전』, 『속대전』 및 그 뒤의 법령들을 통합해 편찬한 법전이다.

④ 청과 군신관계를 맺은 시기는 인조 때이다. 후금은 나라 이름을 청으로 바꾸고 1636년 병자호란을 일으켜 조선을 침략하였다. 인조가 남한산성에서 항전했지만, 결국 조선은 청의 군신 관계 강요를 받아들여 굴욕적인 강화를 맺었다.

11　　　　　　　　　　　　답 ③

📝 출제영역　　　　　　　　　　정조 업적

③ 정조는 자신의 권력과 정책을 뒷받침하기 위해 규장각을 설치하였다. 규장각은 일종의 왕실 도서관 기능을 담당했으나, 정조는 이를 강력한 정치 기구로 육성하기 위해 비서실 기능을 부여했고, 과거 시험과 관리 교육까지 담당하게 하였다. 한편, 규장각 검서관으로 유득공, 박제가, 이덕무와 같은 서얼 출신 학자를 기용하였다.

오답풀이

① 노비의 신분상승 추세는 아버지가 노비라 하더라도 어머니가 양민이면 양민으로 삼는 법이 실시되면서 더욱 촉진되었다. 18세기 후반, 공노비의 노비안이 도망과 합법적인 신분 상승으로 이름만 있을 뿐 신공을 받아낼 수 없게 되자, 1801년 순조는 중앙 관서의 노비 6만 6,000여 명을 해방시켰다.

② 영조는 붕당을 없애자는 논리에 동의하는 탕평파를 중심으로 정국을 운영하였다. 그리고 붕당의 뿌리를 제거하기 위하여 공론의 주재자로서 인식되던 산림의 존재를 인정하지 않았고, 그들의 본거지인 서원을 대폭 정리하였다.

④ 『속대전』, 『동국문헌비고』는 영조 때 편찬된 서적이다. 『속대전』은 경국대전 이후에 공포된 법령 중에서 시행할 법령만을 추려서 편찬한 통일 법전이며, 『동국문헌비고』는 홍봉한이 조선의 문물제도 전반에 걸쳐 기록한 일종의 백과사전이다.

12　　　　　　　　　　　　답 ④

📝 출제영역　　　　　　　흥선대원군의 정책

위 제시문은 비변사에 관한 내용이다. 비변사는 처음에는 빈번한 왜구·여진의 침입에 대처하기 위해 국방 관련 일을 처리하는 임시기구로 출발했다. 하지만 의정부와 병조를 거치지 않고 왕에게 직접 보고하는 등 그 기능이 강화되면서 독립된 상설 협의기관으로 발전했다. 특히 임진왜란을 거치면서 권한이 더욱 확대되어 임시 군사 대책 기관에서 정책 결정 기구로까지 그 성격이 변모했다. 이후 국가 행정체계의 문란, 왕권의 상대적 약화 등의 문제점이 드러나면서 1865년에 흥선대원군에 의해 폐지되었다.

④ 흥선 대원군은 민생을 안정시키고 국가 재정을 확충하기 위해 삼정의 문란을 바로잡고자 하였다. 특히 군정의 폐단을 시정하기 위해 많은 양반의 반대에도 호포제를 실시하여 상민에게만 거두던 군포를 양반에게도 징수하였다.

오답풀이

① 세종 때에는 좀 더 체계적으로 전세를 걷기 위해 토지의 비옥도와 풍흉에 따라 차등 징수하는 전분 6등법과 연분 9등법을 실시하였다. 이에 1결당 최대 20두에서 최하 4두를 내게 되어 농민의 부담이 줄어들었다.

② 홍경래의 난은 세도정치기 정부가 평안도민을 차별하고 상공업을 통제하며 과도하게 수탈하는 것에 반발하여 1811년에 일어났다. 홍경래는 평안도 지역의 신흥 상공업자, 영세 농민, 광산 노동자, 노비 등 다양한 계층을 모아 봉기하였다. 이들은 청천강 이북 지역을 점령하였으나, 관군에 밀려 약 5개월 만에 진압되었다. 홍경래의 난 이후 관리들의 수탈이 계속되면서 농민 봉기가 이어졌다.

③ 임술농민봉기가 일어나자 세도 정권은 박규수의 건의를 받아들여 삼정의 문란을 해결하고자 삼정이정청을 설치하였다. 그러나 정부의 정책은 농민 봉기의 근본적인 원인을 해결하지 못하였고, 농민들의 저항도 계속되었다.

13   📖 ③

(가)는 황룡촌 전투(1894.4)와 우금치 전투(1894.11) 사이의 일이다.
③ 청·일 양국군의 개입이라는 예기치 못한 상황에 직면한 농민군은 1894년 5월 정부와 정치를 개혁할 것을 합의하는 전주 화약을 맺었다.

💬 **오답풀이**

① 전봉준이 관군에 체포된 것은 1894년 12월이다.
② 동학 농민군은 1894년 1월 고부를 점령하고, 백산으로 이동한 후 전봉준을 대장으로 하는 지휘부를 구성하고, 4대 강령을 발표하였다. 또한 격문에는 '폭정을 없애고 백성을 구한다.'라는 뜻의 '제폭구민', '나라를 돕고 백성을 편안히 한다.'라는 뜻의 '보국안민' 등의 구호를 담았다.
④ 제물포 조약은 1882년 임오군란의 결과 일본과 맺은 조약이다. 일본은 조선에 대규모의 군대를 파견하여 임오군란 당시 일본 공사관이 습격받은 일을 구실로 조선에 제물포 조약의 체결을 강요하였다. 이 조약으로 조선은 일본에 배상금을 지불하고, 일본군이 공사관 호위를 위해 한성에 주둔하는 것을 허용하였다.

14   📖 ③

위 제시문은 1919년에 3·1 운동이 일어나자 일제는 무단 통치의 한계를 깨닫고 식민 통치 방식을 '문화 통치'로 변경한 사이토 마코토의 문서이다.
③ 조선인에게만 태형을 집행하도록 한 조선 태형령이 시행된 것은 1912년 4월로서 1920년 3월 폐지되었다.

💬 **오답풀이**

① 회사령은 기업을 설립할 때 총독의 허가를 받게 한 것으로 1910년에 공포되었으며, 1920년 폐지되어 신고제로 변경되었다. 일제는 잉여 자본을 축적한 일본 기업이 한국으로 진출하거나 투자하는 것을 돕고자 1920년에 회사령을 폐지하여 회사 설립을 신고제로 바꾸었다. 그 결과 미쓰이, 미쓰비시 같은 일본 대기업이 한국에 본격 진출하여 공장을 세웠다.
② 제1차 세계 대전을 계기로 일본에서는 공업화가 이루어져 도시 인구가 늘고 쌀 수요가 급증하였다. 그러나 농업 생산력은 이에 미치지 못하여 식량이 부족해졌다. 일제는 한국에서 산미 증식 계획을 실시하여 본국의 식량 부족 문제를 해결하려 하였다. 쌀 생산량을 늘리려고 벼 종자를 다수확 품종으로 개량하고 비료 사용을 확대하였으며, 농토를 개간하고 밭을 논으로 바꾸었다. 또한 저수지나 제방을 만들고자 전국에 수리 조합을 조직하였다. 산미증식계획은 1920년에 시작되어 1934년에 중단되었으나, 1940년에 전쟁 수행을 위한 군량미 보급을 위해 재개되었다.
④ 일제는 1923년에 한국과 일본 사이의 관세를 폐지하여 일본 상품이 한국에서 더 싼값에 팔릴 수 있도록 하였다.

15   📖 ②

② 신간회는 일제와 타협하지 말자고 주장하는 언론계, 불교계, 천도교계, 기독교계 등의 민족주의 진영과 사회주의 진영의 대표들이 손잡고 1927년 창립하였다. 신간회는 강연회와 연설회를 개최하여 민족의식을 고취하였다. 또 소작·노동쟁의나 동맹 휴학 지원, 만주 독립군 지원, 수재민 구호 등의 활동을 전개하여 민족의 의사를 대변하는 대표기구로 자리 잡았다.

🗨 오답풀이

① 식민지 교육의 한계를 극복하고 한국인의 고등 교육을 담당할 대학 설립의 필요성이 대두되어 이상재, 한용운, 이승훈 등 지식인들은 민립 대학 설립 운동을 전개하였다. 1923년 민립 대학 설립 기성회가 조직되고 '한민족 1천만이 한 사람 1원씩'이라는 구호를 앞세워 전국적인 모금 운동을 벌였으나, 일제가 정치 운동이라는 구실로 탄압함으로써 실패했다.

③ 1929년 10월 광주학생 항일운동에서 민족 차별에 분노한 광주 지역 학생들이 연대하여 대규모 가두시위를 전개하였다. 이는 대규모 항일 시위로 발전하였고 전국적으로 확대되어 이듬해 봄까지 가두시위와 동맹 휴학 투쟁이 계속되었다.

④ 의열단장 김원봉의 요청으로 신채호가 작성한 『조선혁명 선언(1923)』에는 폭력 투쟁으로 민중의 직접 혁명을 달성하려는 의열단의 정신이 나타나 있다. 의열단은 결성 직후 중국 관내로 이동하였고, 주로 상하이와 국내를 중심으로 활동하였다. 이들의 활동은 동포들에게 항일 의식과 독립에 대한 희망을 심어 주었다.

16　　　답 ①

📝 출제영역　　　일본의 경제정책

① 토지조사령이 발표된 것은 1912년이다. 일제는 식민 통치를 위한 경제적 기반을 조성하기 위해서 근대적 토지 소유 제도를 확립한다는 명분으로 1910년부터 1918년까지 토지조사사업을 실시하였다. 토지조사사업은 기한 내에 신고하지 못한 토지는 모두 조선 총독부의 소유가 된다는 기한부 신고제로 운영하였는데, 토지약탈을 의도하여 짧은 신고기간과 까다로운 절차로 신고토록 하고, 소유자가 직접 신고하게 하였다. 일제는 미신고지, 국·공유지, 소유주가 불분명한 토지를 조선총독부가 차지하여 동양척식주식회사나 일본인에게 헐값에 매각하였다.

🗨 오답풀이

② 일제는 1937년에 중·일 전쟁을 일으켜 중국 대륙을 침략하였으며, 1941년에는 태평양 전쟁을 일으켰다. 이처럼 전쟁이 확대되자 효과적인 전쟁 수행을 위해 1938년 우리나라에서 총동원법을 제정하여 물적 수탈과 인적 수탈을 강화하였다.

③ 회사령은 기업을 설립할 때 총독의 허가를 받게한 것으로 1910년에 공포되었으며, 1920년 폐지되어 신고제로 변경되었다. 일제는 잉여 자본을 축적한 일본 기업이 한국으로 진출하거나 투자하는 것을 돕고자 1920년에 회사령을 폐지하여 회사 설립을 신고제로 바꾸었다. 그 결과 미쓰이, 미쓰비시 같은 일본 대기업이 한국에 본격 진출하여 공장을 세웠다. 어업령은 일제가 조선에서의 어업활동을 장악하고, 이권을 독점하기 위하여 제정한 법령으로서 1911년 6월 3일 공포되었다.

④ 일제가 회사령을 폐지하여 허가제를 신고제로 바꾼 것은 1920년의 일이다.

17　　　답 ①

📝 출제영역　　　대한민국 임시정부

① 3·1 운동을 전후하여 국내외에서 임시정부를 수립하려는 움직임이 활발해졌다. 연해주에서는 한인들이 전로한족회중앙총회를 대한 국민 의회로 개편하였다. 국내에서는 13도 대표가 모여 한성정부를 세웠다. 상하이에서도 각지에서 모인 독립운동가들이 임시 의정원을 만들어 임시정부를 구성하였다. 각지에 세워진 임시정부를 통합하자는 논의 끝에 한성정부의 구성안을 존중하면서 세 개의 임시정부를 통합하되 청사는 상하이에 두기로 결정하였다.

🗨 오답풀이

② 대한민국 임시정부는 연통제와 교통국을 통하거나 만주 이륭양행, 부산 백산상회를 이용하여 독립운동 자금을 전달받았으며, 자금 마련을 위해 독립 공채를 발행하기도 하였다.

③ 대한민국 임시정부는 국·내외의 항일 세력과 연락하고자 연통제와 교통국을 운영하였다. 연통제는 국내에 설치된 비밀 행정 조직으로, 정부 문서와 명령 전달, 군자금 조달, 정보 보고 등의 업무를 맡았다. 교통국은 비밀 연락업무를 맡은 통신 기관으로, 만주 안동(단둥)에 지부를 설치하고 국내 곳곳에 연락처를 두어 국·내외 정보를 수집, 분석하였다.

④ 대한민국 임시 정부는 임시 의정원(입법), 국무원(행정), 법원(사법)으로 구성되었고, 초대 대통령과 국무총리에 각각 이승만과 이동휘가 추대되었다. 이로써 우리 역사상 최초로 삼권 분립에 기초한 민주 공화제 정부가 수립되었다.

18　　답 ④

📝 **출제영역**　　한국 광복군

④ 중국 국민당 정부는 한국 광복군에 재정적 지원을 하면서 「한국광복군 행동 준승 9개항」을 요구하였고, 이에 따라 한국광복군은 한동안 중국 군사 위원회의 간섭을 받았다.

📖 **오답풀이**

① 1931년 일제가 만주 사변을 일으키고 이듬해 만주국을 세우면서, 중국 내 항일 감정이 높아지는 가운데 한국 독립군과 조선 혁명군은 각각 중국인 부대와 연합하여 항일 전쟁을 전개하였다. 북만주 일대에서는 지청천이 이끄는 한국 독립군이 중국 호로군과 연합하여 쌍성보 전투, 사도하자 전투, 대전자령 전투 등에서 일본군에 승리하였다
② 3·1 운동 직후 국내·외에서 임시정부가 수립되었다. 연해주에서는 대한 국민 의회가, 상하이에서는 대한민국 임시정부가 수립되었으며, 국내에서도 한성정부의 출범이 선포되었다.
③ 중·일 전쟁 발발 이후 1938년에는 민족 혁명당의 주도로 중국 관내 최초의 한인 무장 부대인 조선 의용대가 조직되었다. 조선 의용대는 중국 국민당 정부의 지원을 받으며, 일본군에 대한 심리전이나 후방 공작 활동을 전개하여 많은 성과를 올렸다.

19　　답 ④

📝 **출제영역**　　5·18 민주화 운동

위 제시문에서 공수 특전단, 계엄 사령부, 광주 시민 같은 단어를 볼 때 5·18 민주화 운동 당시의 글임을 알 수 있다.
④ 1980년 5월 18일, 광주에서 비상계엄 확대에 반대하는 시위를 벌이던 전남대 학생들을 계엄군이 무자비하게 진압하였다. 분노한 광주 학생과 시민들은 신군부의 퇴진과 계엄령 철회를 요구하는 대규모 집회를 열었다. 5월 21일 계엄군이 전남 도청 앞에 모인 시민들을 향해 무차별 발포하여 수많은 사상자가 발생하였다.

📖 **오답풀이**

① 3·15 부정 선거를 규탄하는 시위가 전국으로 확산하는 가운데, 4월 18일 고려 대학교 학생들이 시위를 마치고 돌아가는 길에 정치 폭력배의 습격을 받아 다치는 사건이 일어났다. 이 소식을 듣고 분노한 학생과 시민들은 4월 19일 전국에서 대규모 시위를 벌였다.
② 장면 정부 시기 일부 군인들은 민간 차원의 통일 운동과 정부의 군비 축소 계획에 불만을 품었다. 이러한 상황에서 1961년 5월 16일 박정희를 중심으로 한 군인 세력이 정변을 일으켜 일부 군대가 중앙청을 비롯한 주요 정부 기관을 점령하고 혁명 공약을 발표하였다.
③ 유신헌법에 맞서 1976년에 김대중, 함석헌 등 재야 인사들이 명동 성당에서 긴급조치 철회와 정권 퇴진 등을 요구하는 3·1 민주 구국 선언을 발표하였다.

20   답 ②

📝 **출제영역**   통일정책 순서

💬 **오답풀이**

(가) 7·7 선언은 1988년 7월 7일에 대한민국의 노태우 대통령이 발표한 "민족 자존과 통일 번영을 위한 대통령 특별선언"이다. 6개 항으로 된 이 선언의 내용을 보면, 남북 동포의 상호 교류 및 해외 동포의 남북 자유 왕래 개방, 이산가족 생사 확인 적극 추진, 남북교역 문호개방, 비군사 물자에 대한 우방국의 북한 무역 용인, 남북 간의 대결외교 종결, 북한의 대미·일 관계 개선 협조 등이다. 이 선언 후 한국 정부는 대북 비난 방송을 중단했으며, 남북 대학생 국토 순례 대행진을 북한 측에 요구하기도 하였다.

(나) 제2차 남북정상회담은 노무현 정부 때의 일이다. 햇볕 정책을 계승한 노무현 정부는 금강산 육로관광을 시작했으며, 2007년 제2차 남북정상회담을 열고 10·4 남북 공동 선언을 채택하였다.

(다) 문익환 목사와 대학생 임수경 등이 북한을 방문했지만, 노태우 정부는 국가 보안법을 적용하여 구속하였다. 하지만 노태우 정부는 남북 대화에 나섰고, 북한도 국제 정세의 변화를 인식하여 적극 동참하였다. 그 결과 남북 총리급 회담이 개최되어 1991년 남북 유엔 동시 가입과 남북 기본 합의서를 채택하는 성과를 이루었다.

(라) 문재인 정부에 들어 남북한 사이에 다시 화해의 분위기가 조성되었다. 남북 두 정상은 2018년 남북 정상 회담을 개최하고 핵 없는 한반도 실현, 남북 공동 연락 사무소 개성 설치 등을 내용으로 한 "한반도의 평화와 번영, 통일을 위한 판문점 선언"을 발표하였다. 하지만 2020년 북한이 일방적으로 남북 공동 연락 사무소를 폭파하는 등 남북 관계는 다시 악화되었다.

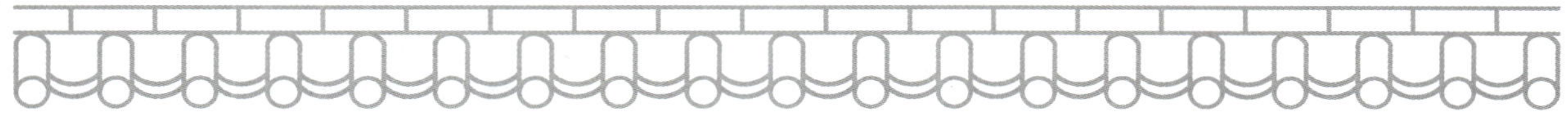

FINAL 작두 모의고사 정답

기출모의고사 1회

01	②	02	④	03	②	04	③	05	①	06	④	07	④	08	②	09	①	10	③
11	④	12	②	13	③	14	①	15	④	16	②	17	③	18	②	19	③	20	③

기출모의고사 2회

01	④	02	③	03	②	04	①	05	③	06	③	07	③	08	②	09	③	10	①
11	②	12	②	13	②	14	③	15	①	16	③	17	②	18	②	19	①	20	①

기출모의고사 3회

01	①	02	③	03	③	04	②	05	④	06	②	07	③	08	②	09	②	10	③
11	③	12	④	13	④	14	②	15	①	16	④	17	③	18	②	19	②	20	①

기출모의고사 4회

01	④	02	②	03	④	04	①	05	③	06	②	07	②	08	①	09	②	10	④
11	②	12	②	13	④	14	④	15	①	16	②	17	④	18	②	19	③	20	②

기출모의고사 5회

01	③	02	②	03	②	04	①	05	④	06	③	07	①	08	④	09	④	10	①
11	③	12	①	13	②	14	③	15	③	16	①	17	①	18	①	19	②	20	④

FINAL 작두 모의고사 정답 for. 지방직 대비

기출모의고사 6회

| 01 | ④ | 02 | ① | 03 | ③ | 04 | ③ | 05 | ② | 06 | ③ | 07 | ② | 08 | ② | 09 | ④ | 10 | ① |
| 11 | ② | 12 | ② | 13 | ② | 14 | ② | 15 | ② | 16 | ① | 17 | ① | 18 | ③ | 19 | ① | 20 | ④ |

기출모의고사 7회

| 01 | ④ | 02 | ② | 03 | ① | 04 | ③ | 05 | ④ | 06 | ③ | 07 | ① | 08 | ② | 09 | ③ | 10 | ① |
| 11 | ② | 12 | ① | 13 | ④ | 14 | ③ | 15 | ① | 16 | ① | 17 | ④ | 18 | ① | 19 | ② | 20 | ① |

기출모의고사 8회

| 01 | ④ | 02 | ④ | 03 | ④ | 04 | ② | 05 | ② | 06 | ③ | 07 | ② | 08 | ② | 09 | ① | 10 | ④ |
| 11 | ② | 12 | ④ | 13 | ④ | 14 | ② | 15 | ③ | 16 | ② | 17 | ④ | 18 | ② | 19 | ① | 20 | ④ |

기출모의고사 9회

| 01 | ② | 02 | ① | 03 | ③ | 04 | ③ | 05 | ② | 06 | ③ | 07 | ④ | 08 | ③ | 09 | ② | 10 | ④ |
| 11 | ③ | 12 | ② | 13 | ③ | 14 | ③ | 15 | ④ | 16 | ① | 17 | ② | 18 | ③ | 19 | ② | 20 | ② |

기출모의고사 10회

| 01 | ④ | 02 | ③ | 03 | ③ | 04 | ③ | 05 | ④ | 06 | ③ | 07 | ② | 08 | ② | 09 | ② | 10 | ② |
| 11 | ③ | 12 | ④ | 13 | ③ | 14 | ③ | 15 | ② | 16 | ① | 17 | ① | 18 | ④ | 19 | ④ | 20 | ② |

MEMO

라영환 공무원 한국사 시리즈

FINAL 작두 모의고사 for. 지방직 대비

발행일 2025년 5월 15일

발행인 조순자

발행처 인성재단(지식오름)

편저자 라영환

디자인 홍현애

정가 14,000원   **ISBN** 979 - 11 - 94539 - 78 - 0